全国交通运输职业教育高职汽车运用与维修技术专业规划教材

Qiche Peijian Guanli
汽车配件管理

全国交通运输职业教育教学指导委员会　**组织编写**
夏志华　**主　　编**
姜　维　李广龙　孙建云　**副主编**
王彦峰　**主　　审**

人民交通出版社股份有限公司
China Communications Press Co.,Ltd.

内 容 提 要

本书为全国交通运输职业教育高职汽车运用与维修技术专业规划教材，全书分为六个模块，主要内容包括：职业素质、配件管理岗位认知、常用汽车配件、汽车配件日常进货管理、汽车配件仓储管理和汽车配件销售实务。

本书可作为高等职业院校汽车运用与维修技术专业、汽车检测与维修技术专业的教学用书，也可作为汽车检测与维修技术人员的培训教材。

图书在版编目（CIP）数据

汽车配件管理/全国交通运输职业教育教学指导委员会组织编写；夏志华主编. —北京：人民交通出版社股份有限公司，2019.9

ISBN 978-7-114-15737-0

Ⅰ.①汽… Ⅱ.①全… ②夏… Ⅲ.①汽车—配件—销售管理—高等职业教育—教材 Ⅳ.①F766

中国版本图书馆 CIP 数据核字（2019）第 164303 号

书　　名：	汽车配件管理
著 作 者：	夏志华
责任编辑：	张一梅
责任校对：	张　贺　龙　雪
责任印制：	张　凯
出版发行：	人民交通出版社股份有限公司
地　　址：	(100011)北京市朝阳区安定门外外馆斜街 3 号
网　　址：	http://www.ccpress.com.cn
销售电话：	(010)59757973
总 经 销：	人民交通出版社股份有限公司发行部
经　　销：	各地新华书店
印　　刷：	北京市密东印刷有限公司
开　　本：	787×1092　1/16
印　　张：	10.75
字　　数：	246 千
版　　次：	2019 年 9 月　第 1 版
印　　次：	2019 年 9 月　第 1 次印刷
书　　号：	ISBN 978-7-114-15737-0
定　　价：	27.00 元

(有印刷、装订质量问题的图书由本公司负责调换)

前言

为贯彻落实《国务院关于印发〈国家教育事业发展"十三五"规划〉的通知》(国发〔2017〕4号)精神,深化教育教学改革,提高汽车技术人才培养质量,满足创新型、应用型人才培养目标的需要,全国交通运输职业教育教学指导委员会组织来自全国交通职业院校的专业教师,按照教育部发布的《高等职业学校汽车运用与维修技术专业教学标准》的要求,紧密结合高职高专人才培养需求,编写了全国交通运输职业教育高职汽车运用与维修技术专业规划教材。

在本系列教材编写启动之初,全国交通运输职业教育教学指导委员会组织召开了全国交通运输职业教育高职汽车运用与维修技术专业规划教材编写大纲审定会,邀请行业内知名专家对该专业的课程体系和教材编写大纲进行了审定。教材初稿完成后,每种教材由一名资深专业教师进行主审,编写团队根据主审意见修改后定稿,实现了对书稿编写全过程的严格把关。

本系列教材在编写过程中,认真总结了全国交通职业院校的专业建设经验,注意吸收发达国家先进的职业教育理念和方法,形成了以下特色:

1. 与专业教学标准紧密衔接,立足先进的职业教育理念,注重理论与实践相结合,突出实践应用能力的培养,体现"工学结合"的人才培养理念,注重学生技能的提升。

2. 打破了传统教材的章节体例,采用模块式或单元+任务式编写体例,内容全面、条理清晰、通俗易懂,充分体现理实一体化教学理念。为了突出实用性和针对性,培养学生的实践技能,每个模块后附有技能实训;为了学习方便,每个模块后附有模块小结、思考与练习(每个单元后附有思考与练习)。

3. 在确定教材编写大纲时,充分考虑了课时对教学内容的限制,对教学内容进行优化整合,避免教学冗余。

4. 所有教材配有电子课件,大部分教材的知识点,以二维码链接动画或视频资源,做到教学内容专业化,教材形式立体化,教学形式信息化。

《汽车配件管理》是本系列教材之一。全书由吉林交通职业技术学院夏志华担任主编,吉林交通职业技术学院姜维、北京交通运输职业学院李广龙、云南交通运输职业学院孙建云担任副主编,北京交通运输职业学院王彦峰担任主审。参加本教材编写工作的有:夏志华(编写第一和第五模块),姜维(编写第三模块),李广龙(编写第六模块),孙建云(编写第四模块),长春市汽车职业技术学校宋振琦(编写第二模块),孟诗林、宋依桐参与编写工作。

由于编者水平和经验有限,书中难免存在不足或疏漏之处,恳请广大读者提出宝贵意见,以便进一步修改和完善。

全国交通运输职业教育教学指导委员会
2019 年 2 月

目　录

模块一　职业素质	1
一、职业道德基本知识	1
二、财务知识	3
三、法律常识	8
四、安全常识	23
技能实训	28
模块小结	29
思考与练习	29
模块二　配件管理岗位认知	31
一、岗位设定	31
二、汽车配件从业人员职业素质	35
技能实训	38
模块小结	39
思考与练习	39
模块三　常用汽车配件	41
一、汽车配件分类	41
二、汽车配件常用材料	52
技能实训	71
模块小结	72
思考与练习	72
模块四　汽车配件日常进货管理	74
一、汽车配件进货	74
二、汽车配件运输与验收	81
技能实训	96
模块小结	96
思考与练习	97
模块五　汽车配件仓储管理	98
一、配件出入库管理	98
二、配件库存管理	106

三、配件索赔 ··· 119
　　技能实训 ··· 130
　　模块小结 ··· 131
　　思考与练习 ··· 131
模块六　汽车配件销售实务 ·· 133
　　一、汽车商品流通知识 ··· 133
　　二、汽车配件产品促销 ··· 139
　　三、接待客户 ··· 144
　　四、汽车配件推介技巧 ··· 150
　　技能实训 ··· 160
　　模块小结 ··· 161
　　思考与练习 ··· 161
参考文献 ·· 163

模块一　职业素质

学习目标

1. 了解并遵守汽车配件行业相关的职业道德；
2. 熟悉财务基本知识，掌握利润与销售额、销售费用的关系；
3. 熟悉汽配销售从业及交易中所涉及的相关法律常识；
4. 掌握工作中的卫生安全、消防安全和场地安全常识。

建议课时

10课时。

在当今时代，我们每一个人都不可能脱离社会单独生存。一个人为了生存，为了实现其自身的价值，都要进入某一个职业中去，在职业中发挥自己的特长、聪明才智，努力工作，为团体、为社会、为国家做出自己的贡献，同时也得到应有的回报。要达到这个境界，一个人需要具备一定的职业素质。

一、职业道德基本知识

(一)职业道德的概念和特征

1. 概念

职业道德的概念有广义和狭义之分。广义的职业道德是指从业人员在职业活动中应该遵循的行为准则，涵盖了从业人员与服务对象、职业与职工、职业与职业之间的关系。狭义的职业道德是指在一定职业活动中应遵循的、体现一定职业特征的、调整一定职业关系的职业行为准则和规范。不同的职业人员在特定的职业活动中形成了特殊的职业关系，包括了职业主体与职业服务对象之间的关系、职业团体之间的关系、同一职业团体内部人与人之间的关系，以及职业劳动者、职业团体与国家之间的关系。

2. 特征

(1)职业性。职业道德的内容与职业实践活动紧密相连，反映着特定职业活动对从业人员行为的道德要求。每一种职业道德都只能规范本行业从业人员的职业行为，在特定的职业范围内发挥作用。

(2)实践性。职业行为过程,就是职业实践过程,只有在实践过程中,才能体现出职业道德的水准。职业道德的作用是调整职业关系,对从业人员职业活动的具体行为进行规范,解决现实生活中的具体道德冲突。

(3)继承性。在长期实践过程中形成的,会被作为经验和传统继承下来。即使在不同的社会经济发展阶段,同样一种职业因服务对象、服务手段、职业利益、职业责任和义务相对稳定,职业行为的道德要求的核心内容将被继承和发扬,从而形成了被不同社会发展阶段普遍认同的职业道德规范。

(4)具有多样性。不同的行业和不同的职业,有不同的职业道德标准。

(二)汽车配件销售员的职业道德

在汽车配件销售企业中,销售人员包括门市营业员、销售员、进货员、售后服务人员、仓库保管员、市场预测和调研等从事汽车配件营销业务的人员。汽车配件销售员在企业营销活动中充当着重要角色,应当具备良好的形象和素质。在从事经营活动时,必须遵循一定的准则与规范,也就是要有以"公平买卖、热诚服务"为核心的职业道德规范。汽车配件销售员的职业道德如下。

1. 守法

遵守国家相关法律法规,不违法经营,是每一名汽车配件销售人员必须遵守的职业道德。

2. 公平

公平是企业经营的最基本要求,特别是商品的价格必须公平、合理,同行之间应遵守公平竞争、公平买卖的市场规则。市场经济的一个显著特点就是人们有竞争意识,通过竞争促使优胜劣汰,从而改进技术和条件,提高服务质量,降低生产成本与消耗,提高工作质量和劳动效率。竞争应该是公平的,这样才能保证社会经济秩序的稳定。侵犯竞争对手商业秘密、低价倾销、诋毁竞争对手信誉等不正当竞争手段虽然可能暂时于己有利,但不讲究职业道德的行为最终也会使自己受损。

3. 诚信

汽车后市场的竞争除技术、价格之外,将围绕销售服务质量展开。今后的市场竞争将突显"诚信"的含金量。只有诚信,才能赢得市场、赢得消费者。美国、日本等发达国家的市场经济表明,竞争越激烈,企业便越重视自己的"品牌"和"诚信度"的塑造,越会规范化运作市场。随着市场竞争的白热化,不讲诚信的企业就会被市场无情地淘汰。作为商家,首要的就是讲求商业信誉,抵制假冒伪劣产品。

商业信誉是一个企业的生命,也是经营者的立身之本。商家如果不履行合同,不注重经销产品的质量,甚至经销假冒伪劣产品,一味追求利润,那么用不了多久就将信誉扫地,无法在市场中立足。

接待客户真诚守信。只有做到明码实价,童叟无欺,才能赢得客户的信任,才能使自己的经营业绩更加出色。维护企业与客户的正当利益,不损人利己,不损公肥私。汽车配件销售员是汽车配件企业利益的代表,必须依靠勤奋的劳动和热情的服务为企业创造更多的利润。但销售员同时也应当尊重与维护客户的正当利益,不能以营利为目的而不讲服务、不顾信誉、粗制滥造、质次价高，甚至坑蒙拐骗。损人利己、损公肥私是不遵守职业道德的行为，应自觉抵制。诚实守信是商业职业道德建设的核心内容。

4. 敬业

爱岗敬业是企业内每个员工都必须遵循的基本道德规范。汽车配件销售员除了在店堂内进行销售活动以外，还要进行上门推销、电话推销以及举办商品展览会（大型或小型）来推销商品。在进行业务活动时，汽车配件销售员应表现出职业道德水平高、业务素质过硬，有强烈的市场开拓精神，能吃苦耐劳、严于律己，工作认真负责、不懈怠、不懒散的品质。

5. 服务

汽车配件销售员应强化服务意识，提升服务质量，要大力倡导热情服务、微笑服务、真诚服务，一切以消费者利益为出发点，想顾客所想，急顾客所急，最大限度地满足消费者的需求。对不同消费层次和消费水平的顾客要一视同仁，要结合市场变化的新特点，不断扩大售后服务内容，并完善售后服务体系，切实做到"包退、包换、包修"。配件销售员应对自己所从事的业务有较全面的了解，能灵活运用自己所掌握的知识、经验为客户解答疑难、提供咨询。只有这样，才能真正做到热情服务、耐心周到。

总之，遵纪守法、公平竞争、诚实守信、爱岗敬业、热情服务是汽车配件销售员应具备的基本的职业道德。

二、财务知识

（一）财务基本知识

1. 货币结算

货币结算是在商品经济条件下，各经济单位间由于商品交易、劳务供应和资金调拨等经济活动而引起的货币收付行为。货币结算的方式按照是否使用现金，可以分为现金结算和转账结算。货币结算的方式按照收款人和付款人是否在同一城镇或同一规定区域，可以分为同城结算和异地结算。

1）现金结算

现金结算是指买卖双方之间使用现时的货币，即用现钞来进行的货币收付行为。现金结算主要有两种渠道：一种是付款人直接将现金支付给收款人，不通知银行等中介机构；另一种是付款人委托银行和非银行金融机构（如邮局）将现金支付给收款人。在现金结算方式下，买卖双方一手交钱一手交货，当面钱货两清，无须通过中介，因而对买卖双方来说是最为直接和便利的，被社会大众广泛接受。正是由于现金使用极为广泛和便利，也就成为不法分子窥视的最主要目标，很容易被偷窃，或容易诱发其他经济犯罪。因此，我国对现金实行严格的控制和管理，企业之间一般不采用现金结算方式，只有私人之间或企业与私人之间采用现金结算，在用现金结算时，要注意对假币的识别。

2）转账结算

转账结算是指不使用现金，通过银行将款项从付款单位（或个人）的银行账户直接划转到收款单位（或个人）的银行账户的货币资金结算方式。转账结算方式的主要内容包括：货款、费用收付或资金周转调拨的时间、地点和条件；票据、结算凭证的格式及其操作程序。我国目前的结算以汇票、支票、本票为主体,增强了结算方式的通用性、灵活性、安全性。现在我们了解一下最常见的支票结算。

支票是一种汇款方式,其使用方便、手续简便、灵活,不仅可以用在单位或个人之间,还可以用于个人在同城的票据或者其他款项的结算,如图1-1所示。支票按其支付方式可分为现金支票和转账支票。现金支票可以转账,转账支票不能支取现金。

图1-1　支票

(1)支票出票。

支票出票必须记载的事项:标明"支票"的字样,无条件支付的委托,确定的金额,付款人名称,出票日期,出票人签章,如图1-2所示。

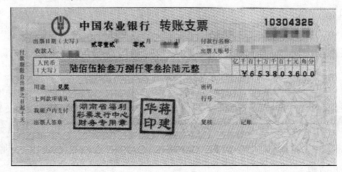

图1-2　支票出票

(2)支票的特点及使用规定如下:

①支票不限定支付方式,可以用于支付现金,也可以用于转账。在支票左上角划两条平行线的划线支票,只能用于转账,不得支取现金。

②支票大小写金额、出票日期、收款人名称不得更改,更改的支票无效。

③转账支票可以流通转让,现金支票不得流通转让。

④支票的提示付款期限自出票日起10天。

⑤记载事项齐全的支票丢失,可以由失票人通知出票人开户银行挂失止付(按票面金额的千分之一支付手续费)。

3)同城结算

所谓同城结算,是指同一城镇内各单位之间发生经济往来而要求办理的转账结算。同城结算有支票结算、委托付款结算、托收无承付结算和同城托收承付结算等。其中,支票结算是最常用的同城结算手段。

4)异地结算

异地结算又称"埠际结算",是结算双方不在同一城市办理的转账结算。在大中城市,对于虽属同一城市,但开户银行没有参加同城票据交换的结算,一般也按异地结算办理。中国的异地结算,由中国人民银行总行制订统一的结算方式,全国通用。异地结算凭证的格式、内容、联次以及使用办法等,也随结算方式统一规定。异地结算使用的结算方式主要有:托收承付、汇兑(包括信汇、电汇、票汇)、信用证、委托银行收款等方式。

2.发票

1)发票的含义

发票是指一切单位和个人在购销商品、提供或接受服务以及从事其他经营活动中,所开具和收取的业务凭证,是会计核算的原始依据,也是审计机关、税务机关执法检查的重要依据。

汽车零件在销售过程中,需要开具发票。《中华人民共和国发票管理办法》规定,销售商品、提供服务以及从事其他经营活动的单位和个人,对外发生经营业务收取款项,收款方应当向付款方开具发票。发票是消费者维护自身权益的法定凭证。1986年我国正式将发票定为税收三证,发票在我国社会经济活动中具有极其重要的意义和作用。

2)发票的分类

发票分为普通发票和增值税专用发票。

(1)普通发票。

普通发票主要由营业税纳税人和增值税小规模纳税人使用,增值税一般纳税人在不能开具专用发票的情况下也可使用普通发票。普通发票由行业发票和专用发票组成。前者适用于某个行业和经营业务,如商业零售统一发票、商业批发统一发票、工业企业产品销售统一发票等;后者仅适用于某一经营项目,如广告费用结算发票、商品房销售发票等。普通发票有手填发票和机打发票。手填普通发票的样式如图1-3所示。

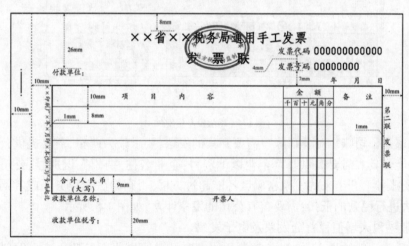

图1-3 手填普通发票的样式

(2)增值税专用发票。

增值税专用发票是我国实施新税制的产物,是国家税务部门根据增值税征收管理需要而设定的,专用于纳税人销售或者提供增值税应税项目的一种发票。

专用发票既具有普通发票所具有的内涵,同时还具有比普通发票更特殊的作用。它不仅是记载商品销售额和增值税税额的财务收支凭证,而且是兼记销货方纳税义务和购货方进项税额的合法证明,是购货方据以抵扣税款的法定凭证,对增值税的计算起着关键性作用。

3) 常用发票的应用范围

发票广泛应用于公司的经营,在国家税务管理收入方面一直占有重要的地位,对消费者买到正品的保障维权及保修等方面也起到重要的作用。下面来了解几种常用发票的种类及应用范围。

(1) 小规模纳税人发票。

根据公司性质的不同,小规模纳税人开的发票,票面有暗纹,印有"××国税"字样的防伪标识。小规模纳税人不可以进项抵扣,全部按销售额的3%征收,能够在国家的发票查验系统里查找。

(2) 一般纳税人增值税专用发票。

公司性质为一般纳税人,发票税率为13%,可以进销项抵扣,以抵扣的余额缴纳税额。这种发票称为增值税专用发票,如图1-4所示。

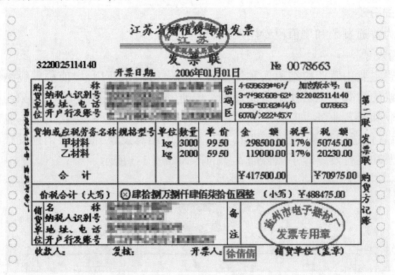

图1-4 增值税专用发票

增值税票是公司账户对公司账户需要开具的发票,要求较为严格,需要提供公司的相关具体资料才能开具。需要提供开票企业以下资料:企业名称,纳税人识别号,公司地址及电话,开户行及账号。开出来的发票密码区不能超过方框,否则无法在税务局或者网上进行验证通过,无法进行税款的抵扣;需要盖有公司的发票印章,如图1-5所示。

(3) 一般纳税人增值税普通发票及电子发票。

公司性质为一般纳税人,给消费者常开的发票是增值税普通发票。这个发票只需要提供开票的单位名称,再根据购买的产品型号及价格就可开具,没有太严格的要求。一般可作为公司入账的凭证,但不可以进销项抵扣;也可以作为普通消费者的购买维修凭证等。

随着网络信息时代的深入,电子发票的推广得到进一步的执行,虽然各个地方的执行情况不尽相同,但还是给商家和消费者带来了更大的方便。对于需保修的产品来说,保存的是产品的电子发票,在需要使用时再打印出来,不容易丢失。电子发票也是普通发票。

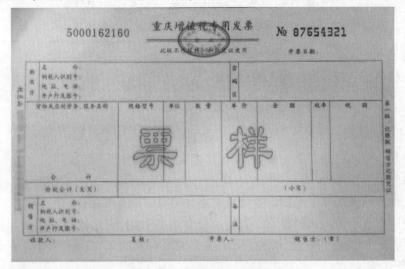

图1-5　增值税专用发票样票

电子发票开具后,可发送到顾客的QQ邮箱,或者微信接收。顾客接收后下载,A4纸打印就能使用了。发票文件一般为PDF格式,电脑需要支持此类文件才能打开和打印。

(二)财务核算

1.成本分析法和成本中心定价法概述

1)成本分析法

成本分析法是分析产品成本的方法。产品的成本是企业为研发、生产和销售产品所支付的全部实际费用,以及企业为产品承担风险所付出的代价的总和。如果说,市场供需决定了产品的最高价格,而成本则决定了产品的最低价格。产品成本包括研发制造成本、营销成本、储运成本等。

2)成本中心定价法

成本中心定价法就是以产品的总成本为中心来定价,这一类定价方法常用的有完全成本定价法、变动成本定价法和目标利润定价法三种。

(1)完全成本定价法是在产品完全成本的基础上再增加一定的比例,据以确定产品销售价格的一种方法。

(2)变动成本定价法是以产品的变动成本为基础,再加上一定的边际贡献作为产品销售价格的一种方法。

(3)目标利润定价法是根据企业所要实现的目标利润来定价的一种方法。

以上三种定价方法在卖方市场条件下,一般尚可使用。但在买方市场条件下,企业的定价工作绝不可如此"闭门造车",而必须同市场相联系。

2.汽车配件损耗率的计算

汽车配件损耗率是指汽车配件的损耗量(损耗金额)占汽车配件总量(总金额)的百分

比,其计算公式如下:

$$汽车配件损耗率 = \frac{汽车配件的损耗金额}{汽车配件的总量金额} \times 100\% \quad (1-1)$$

3. 利润的计算

1)核算毛利率

销售毛利率是毛利占销售收入的百分比,其中毛利是销售收入与销售成本的差,其计算公式如下:

$$销售毛利率 = \frac{销售收入 - 销售成本}{销售收入} \times 100\% \quad (1-2)$$

毛利率是企业销售净利率的基础,没有足够大的毛利率便不能盈利。

2)核算流通费用率

汽车配件流通费用率是考核企业流通费用额相对数的重要指标。

流通费用率表示平均每销售100元商品所支出的费用,它是流通费用额和商品总销售额(或纯销售额)的比值。它比流通费用额更能说明企业的工作质量和评价企业的经济效益,其计算公式为:

$$商品流通费用率 = \frac{商品流通费用总额}{商品总销售额(或纯销售额)} \times 100\% \quad (1-3)$$

例:某汽车配件公司2018年商品总销售额为7917万元,费用总额480万元,试求其商品流通费用率。

解:商品流通费用率 $= \frac{480}{7917} \times 100\% = 6.06\%$

3)利润的计算

计算利润的公式如下:

$$商品销售利润 = 商品进销差价 - (商品流通费用总额 + 商品销售税金) \quad (1-4)$$

三、法律常识

在从事配件销售业务过程中,汽车配件销售员有必要掌握和了解相关的法律常识,以便更好地完成配件销售工作。

(一)反不正当竞争法

竞争是市场经济最基本的运行机制,这里的竞争指的是公平竞争。不正当竞争是商品经济条件下市场竞争的必然伴生物,它破坏公平竞争秩序,影响市场经济的健康发展。凡是实行市场经济的国家,都把反不正当竞争的法律作为规范市场经济关系的基本经济法律之一。

我国的反不正当竞争法于1993年9月2日,由第八届全国人民代表大会常务委员会第三次会议通过,1993年9月2日中华人民共和国主席令第十号公布,自1993年12月1日起施行。2017年11月4日,第十二届全国人民代表大会常务委员会第三十次会议修订,自2018年1月1日起施行。

1. 基本概念

(1)不正当竞争行为:是指经营者在生产经营活动中,违反本法规定,扰乱市场竞争秩序,损害其他经营者或者消费者的合法权益的行为。

(2)经营者:是指从事商品生产、经营或者提供服务(以下所称商品包括服务)的自然人、法人和非法人组织。

2. 不正当竞争行为的种类

《中华人民共和国反不正当竞争法》规定了不正当竞争行为的法律条文,现选择相关条款如下所列。

第六条 经营者不得实施下列混淆行为,引人误认为是他人商品或者与他人存在特定联系:

(一)擅自使用与他人有一定影响的商品名称、包装、装潢等相同或者近似的标识;

(二)擅自使用他人有一定影响的企业名称(包括简称、字号等)、社会组织名称(包括简称等)、姓名(包括笔名、艺名、译名等);

(三)擅自使用他人有一定影响的域名主体部分、网站名称、网页等;

(四)其他足以引人误认为是他人商品或者与他人存在特定联系的混淆行为。

第七条 经营者不得采用财物或者其他手段贿赂下列单位或者个人,以谋取交易机会或者竞争优势:

(一)交易相对方的工作人员;

(二)受交易相对方委托办理相关事务的单位或者个人;

(三)利用职权或者影响力影响交易的单位或者个人。

经营者在交易活动中,可以以明示方式向交易相对方支付折扣,或者向中间人支付佣金。经营者向交易相对方支付折扣、向中间人支付佣金的,应当如实入账。接受折扣、佣金的经营者也应当如实入账。

经营者的工作人员进行贿赂的,应当认定为经营者的行为;但是,经营者有证据证明该工作人员的行为与为经营者谋取交易机会或者竞争优势无关的除外。

第八条 经营者不得对其商品的性能、功能、质量、销售状况、用户评价、曾获荣誉等作虚假或者引人误解的商业宣传,欺骗、误导消费者。

经营者不得通过组织虚假交易等方式,帮助其他经营者进行虚假或者引人误解的商业宣传。

第九条 经营者不得实施下列侵犯商业秘密的行为:

(一)以盗窃、贿赂、欺诈、胁迫或者其他不正当手段获取权利人的商业秘密;

(二)披露、使用或者允许他人使用以前项手段获取的权利人的商业秘密;

(三)违反约定或者违反权利人有关保守商业秘密的要求,披露、使用或者允许他人使用其所掌握的商业秘密。

第三人明知或者应知商业秘密权利人的员工、前员工或者其他单位、个人实施前款所列违法行为,仍获取、披露、使用或者允许他人使用该商业秘密的,视为侵犯商业秘密。

本法所称的商业秘密,是指不为公众所知悉、具有商业价值并经权利人采取相应保密措施的技术信息和经营信息。

第十条　经营者进行有奖销售不得存在下列情形：

（一）所设奖的种类、兑奖条件、奖金金额或者奖品等有奖销售信息不明确,影响兑奖；

（二）采用谎称有奖或者故意让内定人员中奖的欺骗方式进行有奖销售；

（三）抽奖式的有奖销售,最高奖的金额超过五万元。

第十一条　经营者不得编造、传播虚假信息或者误导性信息,损害竞争对手的商业信誉、商品声誉。

第十二条　经营者利用网络从事生产经营活动,应当遵守本法的各项规定。

经营者不得利用技术手段,通过影响用户选择或者其他方式,实施下列妨碍、破坏其他经营者合法提供的网络产品或者服务正常运行的行为：

（一）未经其他经营者同意,在其合法提供的网络产品或者服务中,插入链接、强制进行目标跳转；

（二）误导、欺骗、强迫用户修改、关闭、卸载其他经营者合法提供的网络产品或者服务；

（三）恶意对其他经营者合法提供的网络产品或者服务实施不兼容；

（四）其他妨碍、破坏其他经营者合法提供的网络产品或者服务正常运行的行为。

3.法律责任

《中华人民共和国反不正当竞争法》的法律责任条文如下。

第十七条　经营者违反本法规定,给他人造成损害的,应当依法承担民事责任。

经营者的合法权益受到不正当竞争行为损害的,可以向人民法院提起诉讼。

因不正当竞争行为受到损害的经营者的赔偿数额,按照其因被侵权所受到的实际损失确定；实际损失难以计算的,按照侵权人因侵权所获得的利益确定。赔偿数额还应当包括经营者为制止侵权行为所支付的合理开支。

经营者违反本法第六条、第九条规定,权利人因被侵权所受到的实际损失、侵权人因侵权所获得的利益难以确定的,由人民法院根据侵权行为的情节判决给予权利人三百万元以下的赔偿。

第十八条　经营者违反本法第六条规定实施混淆行为的,由监督检查部门责令停止违法行为,没收违法商品。违法经营额五万元以上的,可以并处违法经营额五倍以下的罚款；没有违法经营额或者违法经营额不足五万元的,可以并处二十五万元以下的罚款。情节严重的,吊销营业执照。

经营者登记的企业名称违反本法第六条规定的,应当及时办理名称变更登记；名称变更前,由原企业登记机关以统一社会信用代码代替其名称。

第十九条　经营者违反本法第七条规定贿赂他人的,由监督检查部门没收违法所得,处十万元以上三百万元以下的罚款。情节严重的,吊销营业执照。

第二十条　经营者违反本法第八条规定对其商品作虚假或者引人误解的商业宣传,或者通过组织虚假交易等方式帮助其他经营者进行虚假或者引人误解的商业宣传的,由监督检查部门责令停止违法行为,处二十万元以上一百万元以下的罚款；情节严重的,处一百万元以上二百万元以下的罚款,可以吊销营业执照。

经营者违反本法第八条规定,属于发布虚假广告的,依照《中华人民共和国广告法》的规定处罚。

第二十一条　经营者违反本法第九条规定侵犯商业秘密的,由监督检查部门责令停止违法行为,处十万元以上五十万元以下的罚款;情节严重的,处五十万元以上三百万元以下的罚款。

第二十二条　经营者违反本法第十条规定进行有奖销售的,由监督检查部门责令停止违法行为,处五万元以上五十万元以下的罚款。

第二十三条　经营者违反本法第十一条规定损害竞争对手商业信誉、商品声誉的,由监督检查部门责令停止违法行为、消除影响,处十万元以上五十万元以下的罚款;情节严重的,处五十万元以上三百万元以下的罚款。

第二十四条　经营者违反本法第十二条规定妨碍、破坏其他经营者合法提供的网络产品或者服务正常运行的,由监督检查部门责令停止违法行为,处十万元以上五十万元以下的罚款;情节严重的,处五十万元以上三百万元以下的罚款。

第二十五条　经营者违反本法规定从事不正当竞争,有主动消除或者减轻违法行为危害后果等法定情形的,依法从轻或者减轻行政处罚;违法行为轻微并及时纠正,没有造成危害后果的,不予行政处罚。

第二十六条　经营者违反本法规定从事不正当竞争,受到行政处罚的,由监督检查部门记入信用记录,并依照有关法律、行政法规的规定予以公示。

第二十七条　经营者违反本法规定,应当承担民事责任、行政责任和刑事责任,其财产不足以支付的,优先用于承担民事责任。

第二十八条　妨害监督检查部门依照本法履行职责,拒绝、阻碍调查的,由监督检查部门责令改正,对个人可以处五千元以下的罚款,对单位可以处五万元以下的罚款,并可以由公安机关依法给予治安管理处罚。

第二十九条　当事人对监督检查部门作出的决定不服的,可以依法申请行政复议或者提起行政诉讼。

第三十条　监督检查部门的工作人员滥用职权、玩忽职守、徇私舞弊或者泄露调查过程中知悉的商业秘密的,依法给予处分。

第三十一条　违反本法规定,构成犯罪的,依法追究刑事责任。

(二)消费者权益保护法

每年的3月15日是"国际消费者权益日",由国际消费者联盟组织于1983年确定。《中华人民共和国消费者权益保护法》是为保护消费者的合法权益,维护社会经济秩序,促进社会主义市场经济健康发展而制定的法律。1993年10月31日,第八届全国人民代表大会常务委员会第四次会议通过该法律;2009年8月27日,根据第十一届全国人民代表大会常务委员会第十次会议《关于修改部分法律的决定》第一次修正;2013年10月25日,根据第十二届全国人民代表大会常务委员会第五次会议《关于修改〈中华人民共和国消费者权益保护法〉的决定》第二次修正;2014年3月15日,由全国人大修订的新版《中华人民共和国消费者权益保护法》(简称"新消法")正式实施。

1. 基本概念

1)消费者权益

消费者权益,是消费主体的权利和利益的合称。消费者利益由多种利益因素构成,主要包括物质经济利益、精神文化利益、安全健康利益、时效利益、环境利益等。消费者的合法权益，指的是消费者所享有的，由法律、法规确认，受法律、法规保护的权利。

2）消费者

消费者是指为满足生活需要而购买、使用商品和接受服务的个人（包括购买生活资料和服务供个人消费的单位）。

2. 消费者的权利

《中华人民共和国消费者权益保护法》对消费者的权利有如下规定。

第七条 消费者在购买、使用商品和接受服务时，享有人身、财产安全不受损害的权利。

消费者有权要求经营者提供的商品和服务，符合保障人身、财产安全的要求。

第八条 消费者享有知悉其购买、使用的商品或者接受的服务的真实情况的权利。

消费者有权根据商品或者服务的不同情况，要求经营者提供商品的价格、产地、生产者、用途、性能、规格、等级、主要成分、生产日期、有效期限、检验合格证明、使用方法说明书、售后服务，或者服务的内容、规格、费用等有关情况。

第九条 消费者享有自主选择商品或者服务的权利。

消费者有权自主选择提供商品或者服务的经营者，自主选择商品品种或者服务方式，自主决定购买或者不购买任何一种商品、接受或者不接受任何一项服务。

消费者在自主选择商品或者服务时，有权进行比较、鉴别和挑选。

第十条 消费者享有公平交易的权利。

消费者在购买商品或者接受服务时，有权获得质量保障、价格合理、计量正确等公平交易条件，有权拒绝经营者的强制交易行为。

第十一条 消费者因购买、使用商品或者接受服务受到人身、财产损害的，享有依法获得赔偿的权利。

第十二条 消费者享有依法成立维护自身合法权益的社会组织的权利。

第十三条 消费者享有获得有关消费和消费者权益保护方面的知识的权利。

消费者应当努力掌握所需商品或者服务的知识和使用技能，正确使用商品，提高自我保护意识。

第十四条 消费者在购买、使用商品和接受服务时，享有人格尊严、民族风俗习惯得到尊重的权利，享有个人信息依法得到保护的权利。

第十五条 消费者享有对商品和服务以及保护消费者权益工作进行监督的权利。

消费者有权检举、控告侵害消费者权益的行为和国家机关及其工作人员在保护消费者权益工作中的违法失职行为，有权对保护消费者权益工作提出批评、建议。

3. 消费者权益保护的五种途径

（1）协商和解，是指在发生争议后，经营者与消费者两方以平等自愿为前提，针对有关争议进行相关协商，以求得达成公平合理解决争议协议的一种方式。协商和解具有高效、简便、经济等优点，而且程序简单、节省时间和精力。

（2）调解。《中华人民共和国消费者权益保护法》中规定的保护消费者权益的调解，主要是指消费者协会的调解。消费者协会调解一般由消费者协会、经营者和消费者三方参加，消费者协会起着居中调解的作用，也可以提出解决纠纷的有关方案或者建议，但是并不能代替消费者或者经营者做出有关决定。

(3)申诉。当消费者认为自己的合法消费权益受到损害时,可以向行政机关要求予以相关的保护。国家市场监督管理总局制定的相关行政规章,都可以作为行政部门及相关人员履行自己保护消费者合法权益的法律依据。

(4)仲裁。经营者和消费者如果有相关仲裁协议,即可根据仲裁协议将争议提交给仲裁机构,由仲裁机构进行裁决。仲裁一般由仲裁机构、经营者和消费者三方参加,仲裁在程序上不像诉讼严格,当事人享有较大自主权,很多环节可以被简化,有关文书的格式甚至裁决书的内容和形式,也可以灵活处理。

(5)诉讼。《中华人民共和国消费者权益保护法》中规定的诉讼途径,一般指的是民事方面的诉讼。即消费者在自己的合法权益受到侵害时,可以向人民法院提起诉讼,要求人民法院解决消费争议,从而维护自己的合法消费权益。即在国家审判权力介入之下,依法对消费纠纷通过国家的司法程序进行解决。

(三)产品质量法

为了加强对产品质量的监督管理,明确产品质量责任,保护用户、消费者的合法权益,维护社会经济秩序,制定了《中华人民共和国产品质量法》。

1993年2月22日,第七届全国人民代表大会常务委员会第三十次会议通过该法律;根据2000年7月8日第九届全国人民代表大会常务委员会第十六次会议《关于修改〈中华人民共和国产品质量法〉的决定》第一次修正;根据2009年8月27日第十一届全国人民代表大会常务委员会第十次会议《关于修改部分法律的决定》第二次修正。

1. 基本概念

1)产品

产品质量法所称的产品,是指经过加工、制作,用于销售的产品。在我国境内从事产品生产、销售活动,必须遵守本法。但是建设工程和未经加工的天然矿产品和初级农产品不适用本法。这些规定表明,产品质量法不调整未经加工的天然矿产品和初级农产品、建设工程。这是因为,未经加工的天然矿产品和初级农产品属于天然产品,它们的质量不是人的意志和能力能完全控制的。建设工程的成果是不动产,有其特殊的质量规范,需要通过建筑法规来规范。

2)产品质量

产品质量是指产品适合一定用途,满足一定需要的特殊量度。产品质量有内在质量和外在质量之分。内在质量主要体现为物理性能和化学性能,如结构、性能、精度、纯度、强度、硬度、化学成分等。有些食品、医药用品、生物制品还表现为一定的生物性能。外在质量通常表现为外观、形状、色泽、手感、气味、光洁度等。将产品质量内、外两方面的特征概括起来,可以将产品质量的基本要求表述为产品的适用性、安全性、可靠性、经济性、维修性、环保性等。

3)产品质量法

产品质量法是调整在生产、流通和消费过程中因产品质量所发生的经济关系的法律规范的总和。

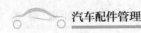

2. 生产者、销售者的产品质量责任和义务

1）产品质量责任和义务的概念

（1）产品质量责任：是指生产者或销售者因为生产或销售了有瑕疵和缺陷的产品，使用户、消费者或其他人人身和财产遭受损失时承担的赔偿义务。

（2）产品质量义务：是指产品生产者或销售者为了确保自己的产品达到法定的质量标准，依照《中华人民共和国产品质量法》以及其他一些有关法律法规的要求，必须为一定质量行为或者不为一定质量行为，以保障产品使用方利益的责任。这种义务包括两方面：一是积极的义务，即要求生产者或销售者为一定行为，如生产的产品质量应当符合要求、产品标志要符合规范等；二是消极的义务，即要求生产者或销售者不为一定行为，限制、禁止的某种行为，如掺杂、掺假、伪造或者冒用质量标志等。产品质量义务是法律强加给生产者、销售者的，如果不履行，有关部门将依法追究其行政责任或刑事责任。

2）生产者的产品质量责任和义务

（1）生产者的产品质量应当符合下列要求：

①产品不存在危及人身、财产安全的不合理的危险，有保障人体健康、人身与财产安全的国家标准、行业标准的，应该符合该标准。

②具备产品应当具备的使用性能（但是对产品存在使用性能的瑕疵做出说明的除外）。

③符合在产品或者其他包装上注明采用的产品标准，符合以产品说明、实物样品等方式表明的质量状况。

（2）生产者的产品或包装上的标识必须真实，并符合下列要求：

①有产品质量检验合格证明。

②有中文标明的产品名称、生产厂厂名和厂址。

③根据产品的特点和使用要求，需要标明产品规格、等级、所含主要成分的名称和含量的，用中文予以标明，需要事先让用户和消费者知晓的，应当在外包装上标明，或者预先提供有关资料。

④限期使用的产品，应当在显著位置清晰标明生产日期和安全使用期或者失效日期。使用不当，容易造成产品本身损坏或者可能危及人身、财产安全的产品，应当有警示标志或者中文警示说明。

⑤对于裸装的食品和其他根据产品的特点难以附加标识的裸装产品，可以不附加产品标识。对于有毒、易碎、易燃、易爆、有腐蚀性、有放射性等危险物品，以及储运中不能倒置以及有其他特殊要求的产品，其包装必须符合相应要求，要有警示标志或者中文警示说明，标明储运注意事项。

（3）对产品生产者的禁止性规定：

①不得生产国家明令淘汰的产品。

②不得伪造产地，不得伪造或者冒用他人的厂名、厂址。

③不得伪造或者冒用认证标志、名优标志等质量标志。

④生产产品，不得掺杂、掺假，不得以假充真、以次充好，不得以不合格产品冒充合格产品。

3）销售者的产品质量责任和义务

（1）应建立并执行进货检查验收制度，验明产品合格证明和其他标识。

(2)应当采取措施,保证销售产品的质量。
(3)不得销售国家明令淘汰并停止销售的产品和失效、变质的产品。
(4)销售的产品标识应符合生产者的产品标识要求。
(5)不得伪造产地,不得伪造或者冒用他人的厂名、厂址。
(6)不得伪造或者冒用认证标志、名优标志等质量标志。
(7)销售产品,不得掺杂、掺假,不得以假充真、以次充好,不得以不合格产品冒充合格产品。

3. 产品质量的监督管理

1)我国产品质量的监督管理体制

国务院产品质量监督管理部门(国家技术监督局)负责全国产品的质量监督管理工作。

县级以上地方人民政府管理产品质量监督工作的部门,在省、自治区、直辖市,是指省级人民政府设置的技术监督行政部门,即省级产品质量监督管理部门,其职责是执行法律法规和省级人民政府赋予的职权,负责本行政区域内的产品质量监督工作;在市(州、盟)县级人民政府中,是指各级政府设立的技术监督行政部门或者负责管理产品质量工作的部门,其主要职责是履行执法监督和同级政府赋予的其他职能。

国务院有关部门和县级以上地方人民政府有关部门,是各级政府的行业主管部门,其职责是按照同级政府赋予的职权,负责本行政区域内、本行业关于产品质量方面的行业监督和生产经营性管理工作。

产品质量仅靠政府的监督管理是不够的,任何单位和个人对质量违法行为都有权进行检举。

2)产品质量管理及其标准

(1)产品质量必须检验合格,不得以不合格的产品冒充合格产品。对于可能危及人体健康和人身、财产安全的工业产品,必须符合保障人体健康、人身与财产安全的国家标准和行业标准;未制定国家标准、行业标准的,必须符合公认的保障人体健康、人身与财产安全的标准。

(2)企业质量体系认证制度。国家根据国际通用的质量管理和质量保证系列标准,由国家技术监督局或者其授权部门认可的第三方认证机构,根据企业的申请对其质量管理和质量保证能力进行审核,对合格者颁发企业质量体系认证证书。企业质量体系认证的对象是企业,由企业自愿申请认证。我国执行的是 GB/T 19000-ISO9000 质量管理和质量保证系列国家标准,此标准已被公认为通向国际市场的通行证,是产品竞争力的重要体现。

(3)产品质量认证制度。依据具有国际水平的产品标准和技术要求,由国家认可的认证机构对企业自愿申请认证的产品进行检测、评定,经认证合格的,由认证机构颁发产品质量认证证书和认证标志,并允许企业在该产品或包装上使用认证标志。我国已经颁布的产品质量认证标志有三类:

①方圆标志及其变形;
②PRC 标志(用于电子元器件);
③长城标志(用于电工产品)。

3)产品质量监督检查规定

(1)产品质量监督抽查制度。国家对产品质量实行以抽查为主要方式的监督检查制度。对可能危及人体健康和人身、财产安全的产品,影响国计民生的重要工业品,以及用户、消费者、有关组织反映有质量问题的产品进行抽查。监督抽查工作由国务院产品质量监督管理部门规划和组织。县级以上地方人民政府管理产品质量监督工作的部门,在本行政区内也可以组织监督抽查,为防止重复抽查,地方性抽查计划要由省级技术监督部门协调。

(2)产品质量监督检验制度。国家根据监督抽查的需要,可以对产品进行检验,但不得向企业收取检验费用。产品质量检验机构必须具备相应的检验条件和能力,经省级以上人民政府产品质量监督管理部门或者其授权的部门考核合格后,方可承担产品质量的检验工作。法律、行政法规对产品质量检验机构另有规定的,依照有关法律、行政法规的规定执行。

生产者、销售者对抽查检验结果有异议的,可以自收到检验结果之日起15日内向抽验部门或者其上级部门申请复验。

(3)用户、消费者、保护消费者权益的社会组织对产品质量的监督。用户、消费者有权就产品质量问题,向产品生产者、销售者查询;向产品质量监督管理部门、工商行政管理部门、行业协会及有关部门举报、申诉,有关部门应当负责处理。保护消费者权益的社会组织应就消费者反映的产品质量问题建议有关部门负责处理,支持消费者对产品质量造成的损害向人民法院起诉。

为方便解决质量纠纷,部分行业协会还在仲裁委员会和技术质量监督部门支持下,设立了本行业的产品消费争议仲裁中心和快速解决本行业的产品消费质量纠纷专家鉴定站(如上海汽车配件流通行业协会)。尽管该项工作还处于起步阶段,但是它对监督、保护、处理产品质量事务有着专业、简便、及时、近距、低费用等特点,是产品质量监督管理形式的深化。

4.违反《中华人民共和国产品质量法》的法律责任

我国对违反《中华人民共和国产品质量法》的行为采取追究民事责任、行政责任和刑事责任相结合的制裁方式。无论违法行为给用户和消费者是否造成损失,只要存在违法行为,国家均可予以惩罚。

1)违反《中华人民共和国产品质量法》的主要民事责任

依照《中华人民共和国产品质量法》的规定,销售者售出的产品如果有下列情况的,销售者应当负责修理、更换、退货,给购买商品的用户、消费者造成损失的,生产者或销售者应当赔偿损失。这是销售者承担的"瑕疵担保责任",如果该瑕疵责任应当由生产者或者供货者承担,销售者有权追偿。

(1)不具备产品应当具备的使用性能而事先未做说明的;

(2)不符合在产品或其包装上所注明采用的产品标准的;

(3)不符合以产品说明、实物样品等方式表明的质量状况的。

生产者因产品存在缺陷而造成人身、缺陷产品以外的其他财产损害的,应当承担赔偿责任。如果产品缺陷是由于销售者的过错造成的,应当由销售者承担侵权赔偿责任。

缺陷产品的受害人可以向生产者要求赔偿,也可向销售者要求赔偿。销售者或者生产者先行赔偿以后可以行使追偿权。

2)违反《中华人民共和国产品质量法》的行政责任和刑事责任

依照《中华人民共和国产品质量法》的规定,生产者、销售者应承担的行政责任和刑事责任有:

(1)生产、销售不符合保障人体健康、人身与财产安全的国家标准、行业标准的产品或者销售失效变质产品的,责令停止生产和销售,没收违法产品和所得,并处以罚款,情节严重的,可以吊销营业执照;构成犯罪的,依法追究刑事责任。

(2)生产、销售国家明令淘汰的产品,生产者、销售者在产品中掺杂、掺假、以假充真、以次充好,或者以不合格产品冒充合格产品,责令其停止生产、销售,没收违法产品和所得,并处以罚款,情节严重的,可以吊销营业执照;构成犯罪的,依法追究刑事责任。

(3)生产者、销售者伪造产品产地的,伪造或者冒用他人厂名、厂址的,伪造或者冒用认证标志、名优标志等质量标志的,责令改正,没收违法生产、销售的产品,并处以罚款;有违法所得的,并处没收违法所得;情节严重的,吊销营业执照。

(4)产品标识不符合本法规定的,责令改正。有包装的产品标识未在其显著位置清晰标明生产日期和安全使用期或者失效日期,使用不当容易造成产品本身或者可能造成人身和财产安全的产品,应当有警示标志或者中文警示说明。如果产品有包装的产品标识不符合上述规定,情节严重的,责令其停止生产、销售,并处以罚款;有违法所得的,并处没收违法所得。

(5)销售者销售违反本法的规定而被禁止销售的产品,如果有充分的证据证明其不知道该产品为禁止销售的产品,并如实说明其进货来源的,可以从轻或者减轻处罚。

(四)合同法

1999年3月15日九届人大第二次会议通过,同年10月1日起施行的《中华人民共和国合同法》(以下简称《合同法》)是我国第一部适应市场经济发展和国际经济交往需要的比较完备的合同法典。《合同法》施行后,原来的《经济合同法》《涉外经济合同法》《技术合同法》同时废止。

1. 合同的概念

《合同法》所称的合同是指平等主体的自然人、法人、其他组织之间设立、变更、终止民事权利义务关系的协议。婚姻、收养、监护、劳动等关系的协议由其他的法律调整。

2.《合同法》的基本原则

(1)平等原则。合同当事人在合同关系中相互间的地位都是独立、平等的,都依法平等地享有权利、履行义务,平等地受法律保护。

(2)自愿原则。合同是当事人在意思表示一致的前提下自愿订立的。作为合同合格主体的当事人拥有自愿缔结合同、自愿选择交易对象、自愿决定合同内容、自愿选择合同形式、自愿变更或者解除合同、自愿选择解决纠纷的方式等诸多权利(在涉外合同中还有自愿选择适用法律的权利)。自愿原则体现了市场经济法则赋予市场主体依法自由交易的权人。

(3)公平原则。在双方合同中,当事人应当遵循公平原则确定权利和义务,不得利用优势地位或者情势急迫订立显失公平的合同。不得约定免除人身伤害责任、故意或者重大过失责任、其他法律禁止免除的责任。

(4)诚实信用原则。当事人在缔结、履行合同过程中和合同终止后应当遵循诚实信用原则,不得滥用权力,规避法规,弄虚作假,侵犯对方商业机密。

(5)守法和公德原则。遵守法律和尊重社会公德原则是对合同自愿和自由的适度限制。如法律对水、电、客运、医疗、邮电等公用事业和企业规定了"强制缔约"的义务。

遵守法律和尊重社会公德原则还要求当事人订立合同不能危害社会利益、公序良俗和他人利益。如当事人不得订立刺探商业机密、打探招投标机密的合同,也不得利用合同掩盖非法目的。

(6)依合同履行义务原则。依法成立的合同对当事人具有约束力,受法律保护。当事人应当依照约定全面履行合同义务,不得擅自变更或者解除。

3. 合同的主体

《合同法》第九条规定:"当事人订立合同,应当具有相应的民事权利能力和民事行为能力。当事人依法可以委托代理人订立合同。"可见,作为合同当事人的主体资格包含了以下内容:

(1)当事人必须具备民事权利能力,即法律赋予自然人、法人、其他组织能够以自己的名义享有权利、承担义务的资格。自然人的权利能力一律平等;法人的权利能力受到法律和其性质、目的的限制,法人的权利能力不完全相同,因此,在缔约阶段适时认真查阅营业执照、经营范围、经营许可、身份证件并保存复印件,审核主体的资格是十分必要的。

(2)当事人必须具备民事行为能力。即自然人、法人、其他组织能够独立地以自己的行为享有权利、承担义务的能力,包括缔约、履约、责任、救济等各方面的能力。

(3)当事人的委托代理人和法定代理人可以代当事人订立合同。代理人以此当事人的名义,为当事人的利益进行民事活动,所发生的权利义务由被代理人承受。代理人制度扩大了当事人能力,有利于经济和社会发展。在缔约和履约过程中,应核证代理人的权限。

4. 合同的形式和内容

1)合同的形式

合同的形式是合同内容的载体。《合同法》规定,当事人订立合同,可以采用书面形式、口头形式和其他形式。

(1)书面形式,是通过文字来表达当事人所订合同内容的合同形式。当事人可以通过合同书、信件、数据电文(包括电报、传真、电子数据交换和电子邮件)等形式来确立合同关系。书面形式最大的优点是有据可查,责任明确,举证容易。如果法律、行政法规规定必须采用书面形式的,或当事人约定采用书面形式的,应当采用书面形式。

(2)口头形式,是当事人用语言进行意思表示来订立合同的合同形式。口头形式的优点是简便易行,常用于简单的经济交往。但其缺点是一旦发生合同纠纷,则无据可查,责任不清,难以举证。因此,除即时清结的合同以外,不宜采用口头形式。

(3)其他形式,有推定形式、公证形式、默示形式、见证形式等。随着经济和科技的日益发展,合同的形式也会发展变化。

2)合同的内容

合同的内容是对当事人的资格和权利义务的确认和意思表示。除了当事人的特别约定,一般应包括以下条款:

(1)当事人的名称或者姓名、住所。自然人的姓名和法人的名称是自身的代表符号,在签订合同时,自然人使用的姓名应为其户口本或身份证上载明的姓名;法人使用的名称应为其注册登记的名称。自然人的住所是其户籍所在地,若户籍所在地与经常居住地不一致的,以经常居住地为其住所地;法人的住所是其主要办事机构所在地。

(2)标的。标的是合同权利义务指向的对象,是任何合同的必备条款。没有标的,权利义务就失去了目标,合同也就无从存在。标的必须符合有关法律规定,不允许以国家禁止的自由流通物或者行为作为合同标的,否则合同无效。还应注意,在我国,婚姻、劳动、收养、监护等合同各有特别法规范,不适用《合同法》。

(3)数量。数量是标的的具体化。如果标的没有明确的数量,合同就无法履行。数量规定要明确具体,应确定双方共同认可的计量单位、计量方法及合理磅差、正负尾差、毛重、净重等事项。

(4)质量。质量是标的外观形态和内在品质的综合反映。质量条款由当事人约定,但应明确采用何种质量标准,如国家标准、行业标准等。如果是双方自行协商的标准,则应具体说明标的的质量要求、规格型号等,还可以另附质量协议书或提交样品封存。在质量条款中还必须具体地约定质量检验的时间、人员、方法、退换等内容。

(5)价款或酬金。价款或酬金是有偿合同的主要条款,是当事人一方向交付标的的对方支付的货币。价款是对取得物而言,酬金是对获得服务而言。目前,我国实行国家定价、国家指导价、市场调节价三种价格。对于国家没有确定价格的,当事人可以根据市场中同类商品的价格或同类服务的酬金来确定合理的价款或酬金。至于付款方式、时间、地点等也是不可缺少的内容。

(6)履行期限、地点、方式。履行期限,是合同当事人按合同的约定全面完成合同义务的时间界限。据此,可以确定当事人是按时履行还是延迟履行或提前履行合同。履行地点,是合同当事人按合同的约定全面完成合同义务的地点。它直接关系到验收地点、运费的负担、案件的管辖等问题。履行方式,是合同当事人按合同约定全面完成合同义务的方法,如标的交付方式、运输方式、结算方式等。

(7)违约责任。违约责任是合同当事人由于自身过错造成合同不履行或不能完全履行时,按法律规定或合同约定应承担的责任,违约责任的规定可以督促合同当事人切实履行义务。即便当事人在合同中没有约定这一条款,只要不是依法免责情形,违约方都应承担违约责任。

(8)解决争议的方式。解决争议的方式是指倘若合同发生纠纷,当事人应采用何种方式予以解决,如协商、调解、仲裁或诉讼。需要注意的是仲裁或者诉讼只能约定一种。

5.合同订立的程序

合同的订立,一般包括要约和承诺两个阶段。

1)要约

要约是指当事人希望和他人订立合同的意思表示。

(1)作为一项有效的要约,应当具备以下条件:

①要约人必须清楚地表明意愿,按照要约内容订立合同;

②要约原则上必须向一个或一个以上的特定对象提出;

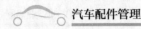

③要约内容必须明确、具体、肯定;

④要约必须传达到受要约人才生效。

(2)当事人发出要约后,并不是永远对其具有约束力,在下列情况下,要约不再具有效力:

①有承诺限期的要约,期限届满;

②没有承诺期限的要约,如果是口头形式的,对方没有当面立即承诺,要约失效;如果是书面形式的,超过一定的合理期限,要约也失去效力;

③对方表示不同意要约内容,即使承诺期限未满,要约也不起任何作用。

(3)要约的方式有书面和口头两种。书面方式通过标价,寄发邮件、传真、电报、订货单等方式提出;口头方式可由一方向另一方当面口头提出,也可以通过电话提出。

(4)要约邀请。要约邀请是希望他人向自己发出要约的意思表示。寄送价目表、拍卖公告、招标说明书、商业广告等都是要约邀请。商业广告的内容符合要约规定的视为要约。

2)承诺

承诺指受要约人同意要约的意思表示。承诺应符合以下条件:

(1)承诺是受要约人对要约同意的意思表示,非受要约人所做的答复不是承诺。

(2)承诺必须是不附带任何条件,完全同意要约内容的意思表示。如果被要约人对要约的主要内容不是全部接受,而是有条件地同意要约的条款,则其意思表示不是承诺,而是一个新的要约。

(3)承诺必须是在要约的有效期限内作出。如果承诺超过了要约规定的期限,这种承诺对要约人就没有约束力。

承诺一经生效,就发生法律效力,其效力在要约人收到承诺时,合同即告成立。

6. 合同的成立

1)合同成立的法律意义

合同一旦成立,当事人之间便产生了权利关系。《合同法》第8条规定:"依法成立的合同,对当事人具有法律约束力。当事人应当按照约定履行自己的义务,不得擅自变更或者解除合同。依法成立的合同,受法律保护。"

2)合同的成立时间

根据《合同法》的规定:

(1)承诺生效时合同成立;

(2)采用合同书形式订立合同的,自双方当事人签字或者盖章之时起合同成立;

(3)采用信件、数据电文等形式订立合同的,可以在合同成立之前要求签订确认书,签订确认书时合同成立;

(4)根据交易习惯或者要约的要求,受要约人作出承诺行为时合同成立。

3)合同成立的地点

根据《合同法》的规定:

(1)承诺生效的地点为合同成立的地点。由于我国对承诺的生效采用到达生效,所以,合同生效的地点一般是要约人的营业地或者住所。采用数据电文形式订立合同的,收件人的主营业地为合同成立的地点;没有主营业地的,其经常居住地为合同成立的地点,当事人另有约定的,按照其约定。

(2)当事人采用书面形式订立合同的,双方当事人签字或者盖章的地点为合同成立的地点。

4)合同成立的推定

《合同法》第36、37条对合同的成立作了两点推定规定:

(1)法律、行政法规规定或者当事人约定采用书面形式订立合同,当事人未采用书面形式,但一方已经履行主要义务,对方接受的,该合同成立。

(2)采用合同书形式订立合同,在签字或者盖章之前,当事人一方已经履行主要义务,对方接受的,该合同成立。

7. 合同的效力

《合同法》第44条规定:"依法成立的合同,自成立时生效。法律、行政法规规定应当办理批准、登记手续生效的,依照其规定。"所以,要特别注意国家单项法规对于国有资产权交易、知识产权交易、房地产交易、车船交易等合同效力的特别规定。

根据合同的主体是否合格、内容是否合法、意思表示是否真实,可以把合同分为以下几种。

1)无效合同

无效合同是指因违法而不具备生效要件的合同。

(1)《合同法》规定,有下列情形之一的,合同(或者条款)无效:

①一方以欺诈、胁迫的手段订立合同,损害国家利益;

②恶意串通,损害国家、集体或者第三人利益;

③以合法形式掩盖非法目的;

④损害社会公众利益;

⑤违反法律、行政法规的强制性规定。

(2)合同中如果有下列免责条款的,该免责条款无效:

①造成对方人身伤害的;

②因故意或者重大过失造成对方财产损失的;

③提供格式条款的一方免除其责任、加重对方责任、排除对方主要权利的,该条款无效。

2)可变更、撤销的合同

可变更、撤销的合同是指意思表示不真实,有变更、撤销权的一方当事人,可以通过请求人民法院或者仲裁机构予以变更、撤销的合同。《合同法》规定了下列合同可以变更或者撤销:

(1)因重大误解订立的;

(2)在订立合同时显失公平的;

(3)一方以欺诈胁迫的手段或者乘人之危,使对方在违背真实意思的情况下订立的合同,受损害方有权请求人民法院或者仲裁机构变更或者撤销。

3)效力待定的合同

效力待定的合同是指因可以补救的瑕疵而效力不确定的,有待于法定权利人予以确认的合同,主要表现为主体的资格瑕疵。合同法规定的效力待定的合同有以下三种:

(1)限制民事行为能力人订立的与其年龄、智力、精神健康状况不相适应的合同；
(2)无权代理人"代理"他人订立的合同；
(3)无处分权人处分他人财产订立的合同,但是对善意取得人例外。

8.合同的终止

合同的终止是指合同的权利和义务的终止,也就是合同之债的终止。《合同法》第91条规定,有下列情形之一的,合同的权利义务终止：
(1)已经按合同履行；
(2)合同解除；
(3)债务相互抵消；
(4)债务人依法将标的物提存；
(5)债权人免除债务；
(6)债权债务同归于一人；
(7)法律规定或者当事人约定终止的其他情形。

合同终止后,当事人应当遵循诚实信用原则,根据交易习惯履行通知、协助、保密等义务,即承担后合同义务。

9.常见的有名合同

有名合同是指法律上或者经济生活习惯上按其类型已确定了一定名称的合同,又称典型合同。汽车配件销售行业常见的有名合同有以下几种。

1)买卖合同

买卖合同是一方转移标的物的所有权于另一方,另一方支付价款的合同。转移所有权的一方为出卖人或卖方,支付价款而取得所有权的一方为买受人或者买方。

买卖是商品交换最普遍的形式,也是典型的有偿合同。根据合同法第174条、第175条的规定,法律对其他有偿合同的事项未作规定时,参照买卖合同的规定；互易等移转标的物所有权的合同,也参照买卖合同的规定。

2)承揽合同

承揽合同是日常生活中除买卖合同外常见和普遍的合同,我国《合同法》第251条第1款对承揽合同所下定义为："承揽人按照定作人的要求完成工作,交付工作成果,定作人给付报酬的合同。"在承揽合同中,完成工作并交付工作成果的一方为承揽人；接受工作成果并支付报酬的一方称为定作人。在日常生活中,如果合同中没有以承揽人、定作人指称双方当事人,也不影响对其法律性质的认定,承揽合同的承揽人可以是一人,也可以是数人。在承揽人为数人时,数个承揽人即为共同承揽人,如无相反约定,共同承揽人对定作人负连带清偿责任。

3)租赁合同

租赁合同是指出租人将租赁物交付给承租人使用、收益,承租人支付租金的合同。在当事人中,提供物的使用或收益权的一方为出租人；对租赁物有使用或收益权的一方为承租人。

租赁合同是诺成合同。租赁合同的成立不以租赁物的交付为要件。

4)运输合同

运输合同是承运人将旅客或货物运到约定地点,旅客、托运人或收货人支付票款或运费的合同。其特征有:运输合同是有偿的、双务的合同;运输合同的客体是指承运人将一定的货物或旅客运送到约定地点的运输行为;运输合同大多是格式条款合同。

10.合同业务能力

汽车配件销售人员在掌握了《合同法》的相关理论知识后,在经济业务中运用,还有待于在千差万别的具体个案中与其他经济、管理、技术、法律等知识和能力融会贯通,谨慎运作,才能全面提升自己的合同业务能力,演绎出诚信共赢的商务范例。为了培养自己的合同业务能力,销售人员可以通过以下方面,进行有意识的锻炼。

1)谈判缔约能力

谈判缔约能力要求销售人员掌握汽车配件销售员的业务知识,精通产品知识,熟悉税务知识和财务结算方式。在签约过程中切忌将对方尚未签字盖章的合同签字盖章后全部交给对方。

2)履约协调能力

(1)内部协调能力。合同生效以后,首先要与自己工作流程中的上、下、左、右各方,落实业务计划、采购协作、检验发运、支付保障等各环节的工作,确保按约定履行合同。

(2)外部协调能力。合同生效以后,要与合同相对方保持密切的联系。在与对方业务主办沟通的同时,要主动地了解该业务主办工作流程中上、下、左、右落实合同业务的进展状况和保障程度,还要对合同约定不明的地方或者变更进行及时的沟通并形成双方确认的书面文件。

3)违约责任承担能力

(1)合同当事人的责任承担能力。这主要是指合同各方不履行合同或者履行合同不符合约定时的补救、应急能力,和被追究合同担保责任的应对能力。

(2)合同承办人的责任承担能力。这主要是指合同承办人承担个人岗位职责的能力和对其在履行合同中的过错和重大过失承担个人按照单位规章制度进行赔偿的能力。

4)纠纷处理能力

合同当事人和承办人应当熟悉协商、调解、仲裁、诉讼程序,涉及国际贸易的还应当掌握世界贸易组织和其他有关组织或者条约对合同争端的解决机制。依法、及时、公平、诚信地解决纠纷。

为了避免产生合同纠纷,有些地区推出地方性合同文本,如上海市汽配流通行业协会针对本行业特点起草了《上海市汽配流通行业产品购销合同示范文本(试行)》,销售员可以结合本单位实际选择或者参考使用。

四、安全常识

(一)卫生安全常识

汽车配件销售企业会经营一些汽车油料、汽车涂料等化学物品,部分有机颜料、添加剂或稀释剂等不但易燃,而且都易挥发,并具有一定的毒性,大量吸入或长期接触皮肤可能引起职业性中毒。具有爆炸、易燃、毒害、腐蚀、放射性等性质的物品,统称为危害化学品。根据我国《危险品货物分类与品名编号》(GB 6944—2012)规定的分类标准,按维修货物具有的危险性或最主要的危险性分为9个类别。第1类为爆炸品;第2类为气体;第3类为易燃液体;第4类为易燃固体、易于自燃的物质、遇水放出易燃气体的物质;第5类为氧化性物质和有机过氧化物;第6类为毒性物质和感染性物质;第7类为放射性物质;第8类为腐蚀性物质;第9类为杂项危险物质和物品,包括危害环境物质。汽车配件销售员必须加强对这类有毒、危害健康商品的防范意识,要学习对这些商品的必要防护知识,熟悉保护自己和他人健康的必要措施。将这些商品出售时,还要注意提醒顾客注意这些商品的使用事项。

(1)涂料及有机溶剂会通过肺部吸入人体,因此,在打开商品时要佩戴口罩。

(2)有机溶剂蒸气可以通过皮肤渗入人体,因此,工作完毕要用肥皂洗脸和手。为了保护皮肤,工作前可将暴露在外的皮肤上涂抹防护油膏,工作后洗干净再涂抹其他润肤霜以保护皮肤。

(3)若不慎将溶剂溅入眼睛内,应立即用清水冲洗,然后去医院治疗。

(4)长时间接触溶剂后要多喝开水,以湿润气管,增强排毒功能。

(二)消防安全

在汽车配件仓库中有许多可燃物质,如氧气、乙炔、油料、漆类等物品,维修中更换下来的废油,洗涤零配件后的废油液,维修生产场地地面上的一些渗油,粘有易燃液的抹布,工作中使用的油类、破布棉纱等。因此,在维修生产现场和配件库中,若不按规范操作,就会引发火灾。

1.《中华人民共和国消防法》知识

1998年9月1日起施行的《中华人民共和国消防法》(以下简称《消防法》)规定了我国的消防工作是以"预防为主、防消结合"为方针,坚持专门机关与群众相结合的原则,实行防火安全责任制。

消防工作由国务院领导、地方各级人民政府负责。国务院公安部门对全国的消防工作实施监督管理,县级以上地方各级人民政府公安机关对本行政区域内的消防工作实施监督管理,并由本级人民政府公安机关消防机构负责实施。

各级人民政府应当经常进行消防宣传教育,提高公民的消防意识。教育、劳动等行政主管部门应当将消防知识纳入教学、培训内容。任何单位、个人都有维护消防安全、保护消防设施、预防火灾、报告火警的义务。任何单位、成年公民都有参加有组织的灭火工作的义务。

在预防火灾方面,《消防法》要求:在设有车间或者仓库的建筑物内,不得设置员工集体宿舍。储存可燃物资仓库的管理,必须执行国家有关消防安全的规定。

任何单位、个人不得损坏或者擅自挪用、拆除、停用消防设施、器材,不得埋压、圈占消火栓,不得占用防火间距,不得堵塞消防通道。

在灭火救援方面,《消防法》规定:"任何人发现火灾时,都应当立即报警。任何单位、个人都应当无偿为报警提供便利,不得阻拦报警。严禁谎报火警。"

公共场所发生火灾时,该公共场所的现场工作人员有组织、引导在场群众疏散的义务。发生火灾的单位必须立即组织力量扑救火灾。邻近单位应当给予支援。对因参加扑救火灾受伤、致残或者死亡的人员,按照国家有关规定给予医疗、抚恤。

火灾扑灭后,公安消防机构有权根据需要封闭火灾现场,负责调查、认定火灾原因,核定火灾损失,查明火灾事故责任。对于特大火灾事故,国务院或者省级人民政府认为必要时,可以组织调查。火灾扑灭后,起火单位应当按照公安消防机构的要求保护现场,接受事故调查,如实提供火灾事故的情况。

在法律责任方面,《消防法》规定:"营业性场所对火灾隐患不及时消除的,不按照国家有关规定配置消防设施和器材的,不能保障疏散通道和安全出口畅通的,有以上三种行为之一的,责令限期改正;逾期不改正的,责令停产停业,可以并处罚款,并对其直接负责的主管人员和其他直接责任人员处以罚款。"

2. 一般防火知识

1)燃烧必备条件

燃烧必须具备以下三个条件,三者缺一,火就无法形成。

(1)可燃物。它们有气体(如煤气、液化石油气、氢气、乙炔、甲烷等)、液体(如汽油、酒精、二硫化碳等)和固体(如木材、纸张、棉花、沥青、硫黄等)三种形态。

(2)助燃物。是与可燃物质相结合能导致燃烧的物质。实际上是一些强氧化剂,如氧气、氯酸钾、过氧化钠、氯气等。空气是最常见的助燃物。

(3)着火源。是指能引起可燃物着火的热源。着火源除直接与可燃物作用引起燃烧外,有时间接作用也能引起可燃物燃烧,如木材旁放置一个通电的电炉,时间一长木材就会自动燃烧起来。

2)阴燃

阴燃是指物质在无可见光的条件下缓慢燃烧,通常产生烟和温度升高的迹象,有些固体物质刚开始燃烧时是有火焰的,但由于通风不好,氧气浓度降低,燃烧速度减慢,分解出来的可燃气体量减少,即由有焰燃烧转变成阴燃。如果改变通风条件,增加供氧量,又可由阴燃转变成有焰燃烧;或持续阴燃完全穿透固体材料时,由于对流加强,会使空气流入量相对增大,也可转变为有焰燃烧。容易发生阴燃的物质有棉花、麻、纸张及大量堆放的煤、麦草、布匹等固体物质。

3)汽车配件商场与库房的防火

(1)商场和库房内严禁吸烟。在商场和库房内放置有易燃的塑料制品和油品,烟头极易引起火灾。

(2)必须做到安全用电。电气火灾的成因主要有短路、过负荷、接触不良等,电线老化也易引起火灾。因此,应注意定期检查电线线路;不能随意加粗熔丝或用铜、铁丝代替熔丝;安装照明灯时,不允许与可燃物质及建筑物的可燃部分接触,不允许用纸作灯罩和用纸、布包灯泡;在易燃易爆场所应安装防爆灯具或在室外设间接照明。

(3)加强对油品的管理。汽油、液化石油气等残液不能倒入下水道,以防其挥发的可燃气体与空气混合后遇火源发生爆炸。因为塑料及汽油摩擦会产生静电,而静电积累到足够量时会释放产生电火花,引起汽油着火爆炸,所以,禁止用塑料桶盛装汽油。

4)发生火灾时的应急处理

(1)保持镇静。应及时通知消防部门,告知起火地点、燃烧的物质是什么、是否有围困人员。派人员到消防部门必经的交通要道等待公安消防队,引导消防队尽早到达起火地点,以节约时间。在消防队未到之前可大声呼救,通知旁人前来帮助灭火或及时逃生。

(2)因地制宜,自救或积极逃生。抓住起火 3min 内的有利时机,就地取材,迅速利用灭火器、水、湿棉被等将火扑灭。要迅速脱掉着火的衣服,一时难以脱掉时,应就地打滚,压灭火苗;千万不能奔跑,因为奔跑时会使大量的新鲜空气冲到身上,加速燃烧。

火灾发生时,一定要保持头脑冷静,正确判断,想办法逃生。火场逃生时,正确选择逃生路线非常重要,比较安全便捷的路线是顺着疏散楼梯逃生。在楼梯尚未烧断或者火势不是很猛烈时,可以披上用水浸湿的衣裤或者被单,最好是棉被快速冲向楼下。

资料显示,在火场丧生的人 80% 是由于吸入毒雾或者窒息而死。在烟雾弥漫的楼道逃生时一定要弯腰,甚至是匍匐前进才能穿过烟雾区,有条件的话可以用湿毛巾捂住口、鼻,呼吸必须小而浅,这样能够少受烟雾侵扰,逃生之路会更安全。

万一被火围困,凡在楼房内的人员,千万不要轻易跳楼,可利用阳台、天台或排水管作为逃生通道,也可将绳索绑在室内固定物上,爬向着火点下一层逃生。不得已选择跳楼逃生时,应当做好自我防护措施,将棉被或者席梦思床垫等软的物品抛下楼再跳,可以降低受伤概率。最好的方法是将床单或窗帘撕成布条接成简易救生绳,用水打湿后从窗台或者阳台处慢慢下滑。下滑时最好戴上手套,以免下滑中手被磨破握不住而摔下来;滑到距离地面 1~2m 处时就可以安全跳到地面。还可以选择一些枝叶茂密的大树,向大树上跳,既可缩短跳楼的高度,也可借树枝的托力减轻跳楼带来的伤害。

被围困在房屋内万一不能逃生时,不要贸然打开房门。要关闭门窗,用湿床单、毛巾塞住缝隙,并用水泼湿隔火物,防止烟雾扩散和火灾蔓延,等待消防队援救。房门发烫说明外面火势很大,应关紧迎火的门窗,打开背火的门窗,但不能打碎玻璃,如果窗外有烟飘进来,要立即关窗。

5)正确使用干粉灭火器

干粉灭火器是常见的灭火器材,适用于由木材、纸张、棉、布、塑胶、汽油、酒精、液化石油气、煤气、乙炔等引起的火灾。其使用方法如下。

(1)手提灭火器跑向火场,在离火面 3~4 m 时,撕去灭火器上的封铅,拔掉保险插销,一手握紧喷嘴管,对准火焰根部,另一手按下压把,5s 内干粉即可喷出,迅速摆动喷嘴,使喷雾横扫整个燃烧区,并由远而近向前推移,可以很快将火扑灭。

(2)灭火时要果断迅速,切勿残留明火,以防复燃。

(3)灭液体火灾时,要防止液体溅出,造成灭火困难。

日常维护干粉灭火器要注意的是:灭火器应放置于干燥通风处,防止筒体受潮腐蚀;避免日光暴晒、强辐射及雨淋等,以免影响灭火器正常使用;灭火器各连接件不得松动,喷嘴塞盖不得脱落,以保证灭火器的密封性能;灭火器应每半年进行一次检查,3 年更换灭火药剂。如发现灭火剂结块或储气瓶的质量减少 1/10 时,应及时更换灭火剂或补足气量(在钢瓶上印有钢瓶的质量和总质量)。

3. 防火工作落实

为搞好汽车配件的消防工作,一定要确定防火责任人和建立岗位防火责任制,把防火工作落实到人,并通过岗位责任制将防火工作制度化、经常化。严格实行仓库分区分类管理。为了防止火灾的发生,要注意做好以下防火工作:

(1)库房内严禁生火取暖,严禁加注汽油类操作,严禁在生产现场抽烟和乱丢烟火。

(2)库房内不准用汽油擦地,工作中使用的油类、破布棉纱、粘有易燃液的抹布等,用后必须及时清理,存放在固定的桶内并加盖,对不用的浸油棉纱定期清除,防止自燃。

(3)生产场地地面的渗油应及时清除,洗涤后的废油液必须存放在专用的容器内加以覆盖并及时送走,禁止乱倒。

(4)油料库内不准存放化学物品和易燃易爆品,凡进入油料库的人员,严禁携带易燃易爆物品,不准穿钉子鞋,以免擦碰出火花。

(5)油库必须有防火、避雷装置及消防设施。例如要设置空气泡沫灭火剂,它适用于扑灭一般固体和石油及其他油类发生的火灾,另外要有给水装置和简易工具(太平斧、铁锹、砂箱、梯子、水带、水枪、水桶、水池、砂池、砂包)以及消防信号等,并且要将各种消防设备存放在固定地点,排放整齐。各种消防器材应注明设置日期、保管人,定期检查消防砂箱、水桶、灭火器并使之均处于可使用状态,不得任意挪动和做他用。

(6)易自燃的物品和化学易燃物品堆垛应当布置在温度较低、通风良好的场所,必须分库储存,并标明储存物品的名称、性质和灭火方法,应当有专人定时测温。

(7)化学易燃物品的包装容器应牢固、密封,发现破损、残缺、变形或物品变质、分解等情况时,应立即进行安全处理。

另外,仓库内的照明线路、电线、电器设备,必须装有符合要求的保险装置,要经常检查有无破损,有无金属裸露老化,严防因短路或超负荷影响安全。

(三)场地安全

1. 人身安全

汽车配件工作人员在进行取货、盘点等作业时,要注意人身安全。严禁攀爬货架高层,第二、三层上架前,确认梯子放牢后方可上架;高空作业一定要看准、走稳、慢慢移动;化学品的搬运,一定要轻拿轻放,严格按照化学品储运方式操作;在搬运金属类配件过程中,一定要戴上手套,切忌蛮力操作;玻璃类和塑料类配件,一定要轻拿轻放。

2. 仓储安全

汽车配件种类繁多,由于使用的材料和制造的方法不同而各具特点,有的怕潮,有的怕阳光直射,有的怕压等,所以在仓储设计时要充分考虑配件仓储的防护设计。配件仓储防护措施主要是防潮、防腐、防尘、防鼠和防盗。

1)防潮

防潮的措施以通风为主,通风的方式可以分自然通风和强制通风两种,其目的主要是控制配件仓储中的湿度。自然通风主要是在仓库合理位置设置通风窗户,但这种通风方式对于配件仓库的防潮不能达到理想效果,所以常会采用鼓风机(图1-6)通风配合窗户自然通风。

另一种通风方式为强制通风,这种防潮方式通常用于仓库没有设置通风窗户的仓储设计,根据仓库的总体高度,采用强制通风风机(图1-7)结合通风管道进行自上而下的通风,达到控制仓库内湿度的目的。在对仓库进行通风操纵时,要注意控制好通风的时间,准确地控制仓库中的湿度,避免因湿度控制失调而造成汽车仓储配件的损耗。

图1-6　自然通风风机　　　　　　图1-7　强制通风风机

2）防腐

防腐是保证汽车配件仓储质量的一项重要措施,汽车配件的防腐主要考虑两个方面：

(1)湿度影响。湿度的控制在防潮设计上得以解决。

(2)日照影响。对于日照的影响,在设计仓库采光时要避免阳光直接照射到储存的汽车配件,所以采光口的设计要充分考虑四季阳光对仓库的照射位置,杜绝出现阳光直接照射到仓库内的配件。

3）防尘

防尘是减少库房内灰尘的产生。对湿度进行合理的控制可减少粉尘的产生,而粉尘产生的源头主要是地面和库房围壁。对地面的处理主要是粉刷地板漆或镶瓷砖,避免在日常管理使用过程中因地面的磨损而产生大量的粉尘,库房围壁应采用成型的合成板材,对于墙壁面的粉刷应用乳胶漆,不能用石灰粉或腻子粉等容易产生粉尘的材料。

4）鼠患

鼠患是仓储的一大危害。在仓库设计中鼠患的预防主要从仓库的门、窗及通风管道入手,对于门的防鼠设置主要是严格控制门在关闭状态下的门缝间隙大小,使老鼠不能从门缝间隙进入仓库,而窗户及通风口要加装铁丝网,以切断老鼠进入仓库的路径。在配件仓储中要注意配件存放的条理性,避免存在死角,给老鼠以筑窝的便利。

5）防盗

仓库的防盗设施大至围墙、大门、防盗门,小到门锁、窗。仓库应该根据法规规定和治安保管的需要设置和安装这些设施。仓库使用的防盗设备除了专职保安员的警械外,在设施设计上要用防盗门,窗户要加装防盗网,配套装配视频监控设备、自动警报设备、人工报警设备,仓库应按照规定合理利用配置的设备,专人负责操作和管理,确保其有效运作。

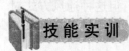

（一）任务下达

1. 职业道德在汽车配件相关企业的实际应用

利用市场调查方法,收集资料,查找案例,说明汽车配件相关企业的职业道德内在含义和特征。要求有文字记录、相关影像资料。

2.普通发票和增值税专用发票的区分

利用购物机会或其他方法,搜集发票,了解普通发票和增值税专用发票的不同。

3.汽车配件销售业务相关法律常识的应用

搜集反不正当竞争法、消费者权益保护法、产品质量法和合同法的案例,说明懂法、依法办事的重要性。

4.卫生安全、消防安全常识的应用

走访汽车配件相关企业,了解企业如何实施安全措施。

(二)任务实施

以小组形式展开,分工明确,并采用角色扮演法在课堂上展示。同时,注意观察其他组展示情况,并将所见所闻进行记录。

(三)任务评价

(1)通过本任务的学习你认为自己是否已经掌握了相关知识并掌握了基本操作技能。

(2)实训过程每一任务完成情况评价,完成程度。

(3)在完成每次任务的过程中,你和同学之间的协调能力是否得到了提升?

(4)通过本任务的学习,你认为自己在哪些方面还需要深化学习并提升岗位能力?

模块小结

职业素质模块的学习主要从职业道德基本知识、财务知识、法律常识和安全常识四个方面进行介绍。职业道德基本知识介绍了职业道德的含义和特征,明确了汽车配件销售人员的职业道德要求。财务知识介绍了货币结算方式,发票的含义、分类和常用发票的应用范围,财务核算的成本分析法和成本中心定价法,汽车配件的损耗率计算以及利润的计算。法律常识介绍了配件销售人员在从事配件销售业务过程中,有必要掌握和了解的《反不正当竞争法》《消费者权益保护法》《产品质量法》和《合同法》等法律知识。安全常识介绍了汽车配件经营中涉及的卫生安全常识、消防安全知识、场地的人身安全及仓储安全知识。

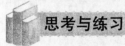

思考与练习

(一)单项选择题

1.职业道德的特征有职业性、实践性、(　　)和多样性。

　　A.规范性　　　　B.长期性　　　　C.继承性　　　　D.遗传性

2.(　　)常用的方法有完全成本定价法、变动成本定价法和目标利润定价法三种。

　　A.成本分析法　　　　　　　　B.成本导向定价法

　　C.成本中心定价法　　　　　　D.需求导向定价法

3.(　　)是指从事商品生产、经营或者提供服务(以下所称商品包括服务)的自然人、法人和非法人组织。

A. 生产者　　　　B. 经营者　　　　C. 消费者　　　　D. 竞争者

4. 国家对产品质量实行以(　　)为主要方式的监督检查制度。

A. 定期检查　　　B. 年检　　　　C. 抽查　　　　D. 月检

5. 燃烧必须具备可燃物、(　　)和着火源三个条件,三者缺一,火就无法形成。

A. 易燃物　　　　B. 氧气　　　　C. 助燃物　　　D. 乙炔

(二)判断题

1. 我国对现金实行严格的控制和管理,企业之间一般不采用现金结算方式。(　　)
2. 增值税一般纳税人在不能开具专用发票的情况下不可使用普通发票。(　　)
3. 产品质量法所称的产品,是指经过加工、制作,用于生产的产品。(　　)
4. 涂料及有机溶剂会通过口腔吸入人体,因此,在打开商品时要佩戴口罩。(　　)
5. 严禁人员攀爬货架高层,第二、三层上架前,确认梯子放牢后方可上架。(　　)

(三)简答题

1. 消费者权益保护的途径有哪些?
2. 《合同法》的基本原则有哪些?
3. 发生火灾时如何进行应急处理?
4. 汽车配件公司 2016 年商品总销售额为 8520 万元,费用总额为 380 万元,试求其费用水平(即商品流通费用率)。

思考与练习答案

(一)单项选择题

1. C　2. C　3. B　4. C　5. C

(二)判断题

1. √　2. ×　3. ×　4. ×　5. √

(三)简答题

略。

模块二　配件管理岗位认知

学习目标

1. 掌握组织机构的设置原则和方法;
2. 了解一般汽车配件部门常见组织机构结构形式及岗位职责;
3. 掌握配件从业人员业务素质要求。

建议课时

4课时。

一、岗位设定

(一)汽车配件部门组织结构

一个好的组织机构可以让员工步调一致,同心协力,向着一个目标迈进。

1. 组织机构设置的原则

(1) 目标明确。

(2) 功能模块清晰。

(3) 分工明确。

2. 组织机构设置的方法

(1) 工作划分。首先根据分工协作和效率优先的原则,将汽车配件工作划分为采购管理、销售管理、仓储管理、物流管理、会计结算等。

(2) 确定管理层次。确定一个上级直接指挥的下级部门的数目。

(3) 确定职权关系。确定各级管理者的职务、责任和权利。

3. 汽车配件部门常见组织机构形式

汽车维修企业配件部门组织机构构成如图2-1所示。

(二)配件部门人员岗位职责

1. 配件主管

1)任职条件

(1) 5年以上汽车维修经验和3年同岗位经验。

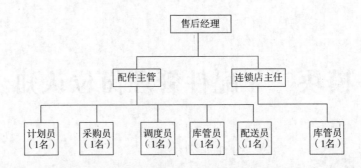

图 2-1　汽车维修企业配件部门组织机构

注:根据经营规模,采购员、调度员、配送员可设为兼职。

(2)有机动车驾驶证并能熟练驾驶车辆。

(3)高中以上学历,熟悉汽车配件市场。

(4)有较强的组织协调沟通能力及解决突发事件的能力。

2)岗位职责

(1)在售后经理的领导下,负责领导本部员工全面完成配件部的工作任务,并负责向维修部经理汇报工作。

(2)负责安排采购员外出采购任务,并督促采购进程。

(3)负责审核、验收购回配件的质量、数量、规格、型号、价格,有权拒收不符合质量要求或不符合其他要求的配件或材料,有权责令采购员说明造成问题的原因。

(4)负责编制配件、材料常用件的采购计划,安排及时进货。

(5)负责配件价格的估价,同时有权审核价格的合理性。

(6)做好有关配件的订货或预约件的处理工作。

(7)负责配件的库存管理,经常检查货架存货情况,定期组织仓库盘点。

(8)负责仓库的供应管理,督导本部员工积极与生产部门和技术部门配合努力按规定或指示购回配件,保证生产按时完成。

(9)负责本部员工思想沟通,工作关系的协调。

2.配件计划员

1)任职条件

(1)中专以上学历。

(2)具有 2 年以上汽配工作或相关经验,熟悉汽车配件,并能熟练使用计算机进行操作。

(3)对汽配市场信息较敏感,工作踏实,责任心强。

(4)熟悉仓库管理或(及)物流管理,有一定的财务知识。

2)岗位职责

(1)负责所需配件的订购,确保客户、本修理车间和经营所需配件的供应。

(2)负责配件的出库及入库,清点登记,并依据配件经理的要求制作配件库存率分析报告及配件管理相关报告。

(3)确保配件仓库工作环境和设备清洁、整齐、维护良好。

(4)完成部门经理交办的其他工作。

3．配件采购员

1）任职条件

（1）中专以上学历，有2年以上汽配工作或相关经验。

（2）熟悉汽车配件，并能熟练使用计算机进行操作。

（3）对汽配市场信息较敏感，工作踏实，责任心强，正直。

（4）熟悉仓库管理或物流管理。

2）岗位职责

（1）对计划量进行审核，做好计划的延续和补充工作，对配件供应的及时性、正确性负责。

（2）以低成本高品质为目标，积极开发配件配套厂家，降低采购费用，提高采购效率。

（3）建立采购供应的业务档案，掌握不同运输方式的运输天数、费用等，进行定量分析，确定最佳采购方案。

（4）用量大的A类件，要坚持"货比三家"的原则，做到质优价廉，并通过分析比较，制订出最佳订货单，保证不断档，无积压。

（5）加强采购管理，适时、适量、适质、适价，与厂家保持良好的关系；按计划采购，特殊情况有权做临时调整。

（6）采购过程中，要强化验货工作，对配件的品牌、规格、数量等都要做到准确无误，认真完成配件的第一次检验工作。

（7）入库验收工作中，采购员要协同计划员、库管员做好配件的第二次检验工作，对配件质量、品牌、规格、价格等问题做合理解释。

（8）负责配件质量、数量的异常处理，及时做好索赔、退货及退换工作。

（9）对急件、零星采购件，采购员要进行充分的询价、比价、议价，并按采购程序优先办理。

（10）完成部门经理交办的其他工作。

4．配件调度员

1）任职条件

（1）中专以上学历，有2年以上汽配工作或相关经验。

（2）熟悉汽车配件，并能熟练使用计算机进行操作。

（3）有较强的组织能力和协调能力及事务处理能力。

（4）具有一定的财务知识。

2）岗位职责

（1）调度员协同库房管理员、提货人（或配送人员）根据配件出库清单，验收出库货物。出库清单可根据具体库存情况或提货人的临时要求进行调整，并根据配件出库的实际情况补充出库清单。

（2）调度员要督促库房管理员、提货人（或配送人员）在核实无误后的出库清单上签字认可，确保清单与实物相符。

（3）调度员负责应收账款账目和收缴事宜，不得赊销，一律先收款后付货，减少不必要的死账、呆账。

(4)调度员负责应收往来账目,做好微机账目的处理,及时录入往来票据(收款通知、出库清单、其他收款证明、运输费用)。保管全部配件业务单据、出库清单并归类存档,负责同财务、业务往来单位的账务核对。

(5)调度员协同采购员、库房管理员负责各业务往来单位的质量件退换工作,并严格执行"退件规则"。

(6)随时向采购员、计划员反映业务上出现的有关配件质量、价格、存货等问题,并作出书面报告交计划员。

(7)协同采购员、计划员、库房管理员进行配件验收入库工作,及时掌握配件来货情况,确保不丢失每一份配件订单。

(8)建立并保持与各经营单位的良好合作关系,对客户在配件业务上提出的质疑(质量、价格、发运、往来账、业务咨询等),作出合理解释,协调解决,确保不丢失每一位客户。

(9)完成部门经理交办的其他工作。

5.配件库管员

1)任职条件

(1)中专以上学历,有1年以上汽配工作或相关经验。

(2)具备一定的汽车维修常识,熟悉汽车配件,能熟练操作计算机。

(3)工作认真细致踏实,责任心强,吃苦耐劳,正直。

(4)熟练库房管理程序。

2)岗位职责

(1)配件整理、摆放、出库、入库等,维护仓库所有系统安全及正常运营。

(2)配件和精品附件的订购及配送,库存管理以及库存报表维护更新。

(3)完成部门经理交办的其他工作。

6.精品销售员

1)任职条件

(1)年龄在18~35岁,男女不限。

(2)有较强的协调沟通能力。

(3)做事细心、认真、负责,有吃苦精神。

2)岗位职责

(1)汽车精品销售,派工安装,施工跟进。

(2)数据销售的核对,系统录入,对账等。

(3)协助销售与服务部门完成相关精品业务。

7.配件配送员

1)任职条件

(1)中专以上学历,有2年以上汽配工作或相关经验。

(2)熟悉汽车配件,有2年以上的驾驶经验。

(3)工作踏实,责任心强,吃苦耐劳,正直。

(4)有较强的应变能力和沟通能力。

2)岗位职责

(1)及时准确地将货物发送到指定地点。

(2)确保货物的安全到达,严禁出现损坏、遗失的现象。

(3)合理选择运输工具和运输路线,节省时间、节约费用,提高工作效率。

(4)对于客户的提问应当作出准确合理地解答,对于自己不能解释的问题,应合理地回避,不要给客户及公司带来不必要的麻烦。事后应积极找出答案。

(5)积极收集有关配件信息,尤其是出现的配件质量问题,作出及时的反馈。

(6)送货时,必须带回有收货单位主管人签字的收货凭证,并协助收货方验收货物。

(7)向外地发送货物时,应要求运送方签字证明,并及时与收货单位进行联系,准确地说出收货方式、收货地点及其他应说明的情况,确保货物的安全到达。

(8)及时查询货物是否安全到达。

(9)完成部门经理交办的其他工作。

二、汽车配件从业人员职业素质

汽车配件从业人员在工作中除要遵守职业道德规范外,还要求有一定的专业素质,尤其在销售人员和采购人员中,必要的专业知识和素质对工作能起到促进作用。

(一)销售人员应具备的职业素质

1. 个人基本素质

个人基本素质是指销售人员自身应具有的条件和特点。销售人员在销售商品的同时,也是在销售自己,因此,他必须具备良好的个人基本素质。一般来说,销售人员所应具备的个人基本素质主要包括以下几个方面。

1)良好的语言表达能力

语言表达能力是指销售人员运用声音语言及行为语言准确传达信息的能力。这是胜任销售工作的基本条件。语言艺术是销售人员用来说服顾客的主要手段,每一次销售过程都要使用陈述、提问、倾听及行为语言等多种语言技巧。

2)勤奋好学的精神

销售工作的业务内容是多方面的,销售活动的组织形式是不断变化的。一位优秀的销售人员必须具有勤奋好学的精神,才能使自己不断适应新的工作要求,在事业上有长足的进步。一个优秀的销售人员,首先要学习必需的知识和技巧,其次要善于思考,对于自己在销售实践中所遇到的问题,不仅要设法解决,而且要加以分析和总结,不断积累经验,总结出本岗位工作的一般规律。此外,还应善于学习同行的经验,从中获得有益的启示。

3)健康的身体和端庄的仪表

销售工作是比较辛苦的,销售人员为拜访客户,要东奔西走,商务谈判紧张艰巨,商务应酬往往占用很多休息时间,旅途中得不到很好的休息。在店堂里的销售人员要精力充沛,行动灵活,头脑清醒,能轻松地进行日常工作。销售人员既是体力劳动者又是脑力劳动者,没有健康的身体,是难以完成销售工作任务的。销售人员端庄的仪表和得体的表情姿态,不仅会给顾客留下良好的印象,有助于销售成功,而且也会有助于销售人员完善自身素质。销售人员要平易近人,不要矫揉造作。

4) 良好的心理素质

在销售过程中,买卖双方存在着矛盾和冲突,而且同类产品有众多的竞争者,这使得销售工作并非轻而易举。如果没有良好的心理素质,销售人员往往难以承受挫折,无法胜任艰巨的销售工作。良好的心理素质主要表现为自信、自强和稳定的情绪。只有具备良好心理素质的销售人员,才能以坚定的信念,不怕困难挫折,一往无前地去从事销售工作。

2. 业务素质

销售人员每天都与各种各样的顾客打交道,在实际销售过程中,如何引起购买者的注意和兴趣,促进购买者的购买欲望,如何向顾客介绍商品,取得客户的信任,运用哪些策略和技巧达成交易,这些都是销售人员应具备的业务素质。

1) 具有现代销售观念

销售观念是指销售人员对销售活动的基本看法和在销售实践中遵循的指导思想。销售观念决定着销售人员的销售目的和销售态度,影响着销售过程中各种销售方法和技巧的运用,也最终影响着企业和顾客的利益。现代销售观念认为:销售是用适当方法和技巧,阐明商品能给顾客的某种需要带来满足,在满足顾客需要中获得企业利益。现代销售观念强调商品的销售必须以消费者的需要为基础,销售方法和技巧应该适应顾客的心理需求。

在市场经济下的销售活动,销售人员必须摒弃"以企业为中心"的传统销售观念,树立和坚持"以顾客为中心"的现代销售观念。

2) 具有丰富的专业知识

销售人员应具备的专业知识包括企业知识、产品相关知识、市场相关知识和用户相关知识等。

(1) 企业知识。掌握企业知识,一方面是为了满足顾客这方面的要求,另一方面是使销售活动体现企业的方针、策略,达到企业的整体目标。企业知识主要包括企业的历史沿革、企业在同行中的地位、企业的经营方针、企业的规章制度、企业的生产规模和生产能力、企业的销售与定价策略、企业的服务项目、企业的交货方式与结算方式、企业的供货条件等。

(2) 产品相关知识。顾客在采取购买行动之前,总是要设法了解产品的特性和性能价格比,以减少购买的风险。一般情况下,顾客喜欢能为其提供大量信息的销售人员,对介绍产品表现出权威性的销售人员有一种信任感。因此销售人员不仅是销售产品,更重要的是销售知识。当然,销售人员不可能像技术专家或产品开发设计人员那样透彻地了解有关产品的全部知识,销售人员所需掌握产品知识的最低标准是顾客想了解的和想知道的那些产品知识。一般来说,主要有产品的生产厂家、产品的性能、产品的使用方法、产品的维修、产品的品质保证期。销售人员还需知道同类产品的性能、价格等有关知识。通常,产品的技术越复杂,产品的价值或价格越高,顾客想要了解的知识就越多。

(3) 市场相关知识。市场是企业和销售人员活动的大舞台,了解市场运行的基本原理和市场营销活动的方法,是企业和销售人员获得成功的重要条件。由于销售活动涉及各种各样的主体和客体,有着十分复杂的方式和内容,所以,销售人员需要掌握的市场知识是十分广泛的。销售人员要努力掌握市场运行的基本原理,掌握市场营销及商品销售的策略与方法,掌握市场调研与市场预测的方法和供求关系变化的一般规律,掌握寻求潜在客户的途径、潜在客户的管理等知识。

（4）用户相关知识。主要包括产品的去向分布，用户的心理、性格、消费习惯和爱好，何人掌握购买决定权，用户的购买动机、购买习惯、采购的条件、购买方式、购买时间、购买力等内容。

此外，与专业知识相关的还有相关法律法规知识、财会知识、人际关系知识、经济地理方面的知识、市场情报学知识等。

3）具有较扎实的销售基本功

销售基本功是销售人员胜任销售工作的基本前提，一般有以下几个方面。

（1）用职业的眼光去开拓客户，这是销售人员的首要基本功。销售人员应具有开放式的心态，随时随地、有意识地寻求各种与销售相关的信息，把一些人们认为毫不相关的问题联系起来，从而构成自己的市场。销售人员要有吃苦耐劳的精神，习惯于独辟蹊径，有充分的耐心去等待客户，有足够的勇气去开拓客户，用巧妙的方式去诱导客户，用机智的慧眼去洞察客户。销售人员应善于待人以便获得客户，善于用客户去发展客户。

（2）用公关的方式去接触客户。销售人员必须具备公关能力，使客户愿意同其见面，见面后又能在客户心目中留下好印象。这就要求销售人员做到以下几点：第一，对客户诚心诚意，谈论客户所关切的问题，掌握倾听技巧，使客户感到自己的重要和价值。第二，尊重客户的意见，尽量避免与客户发生争执，坚持友好的态度。第三，不去刺激客户流露出不友好情绪。

（3）能准确地判断客户。销售人员应学会察言观色，揣摩客户的所思所想。销售人员应能准确判断出谁是真正的购买者，谁是真正的决策者。判断客户的性格、爱好及客户可能的购买力。

（4）有效处理来自客户的障碍。销售人员应有较强的承受力，有化解客户制造障碍的能力。为此，需要销售人员从心理上分析客户制造障碍的原因，并能用恰当的方法应对处理。

（5）具有熟练的销售技巧。销售人员要让顾客在购买自己所销售产品的同时，又充分感受到购买的愉快心理，并确实因此而感到满足。

（二）采购人员应具备的职业素质

配件采购业务进行得好坏，会直接影响企业的整个经营活动和各项经济指标的完成。而采购人员的职业素质、业务能力和责任感则是搞好采购的关键环节。

（1）要有一定的政策、法律知识水平和政治觉悟。采购人员不仅要熟知国家、本地区的有关政策和法规，且更要知道本企业、本部门的各项规章制度，使采购工作在国家政策允许的范围内进行。采购人员要按规定购货，不进人情货，更不能在采购中为谋取回扣、礼物等私利，而购进质次价高的商品。

（2）要具备必要的专业知识。采购人员不仅要熟知所经营商品的标准名称、规格、型号、性能、商标、包装等知识，还要懂得商品的结构、使用原理、安装部位、使用寿命及通用互换性等知识，以便使购货准确无误。采购人员不仅需要精通购货业务的各个环节，而且还要知道商品在进、销、存以及运输、检验、入库保管等各业务环节的过程以及相互间的关系。

（3）要善于进行市场调查和分类整理有关资料。采购人员正确的预见性来源于对市场的调查。调查的内容主要包括：本地区车型、车数；道路情况；各种车辆零部件的消耗情况；

主要用户购货渠道和对配件的需求情况；竞争对手的购货及销售情况等。另外，采购人员还要十分了解配件生产厂家的产品质量、价格和促销策略等。要定期对上述资料进行分类、整理，为正确进行市场预测、科学采购提供依据。

(4) 要有对市场进行正确预测的能力。汽车配件及配件市场的发展受国民经济诸多因素的影响，这个季度、上半年、今年畅销的商品，到下个季度、下半年、明年可能就变成滞销商品了。但是，除了偶然因素外，这种变化一般是有规律可循的，是可以预测的。这就要求采购员根据收集来的各种信息和资料及市场调查得到的材料进行分析研究，按照科学的方法预测出一定时期内当地汽车配件市场形势，从而提高采购的准确性，减少盲目性。

(5) 能编好采购计划。采购员要根据自己掌握的资料，编好采购计划，包括年度、季度或月采购计划，以及补充采购计划和临时要货计划等。

(6) 能根据市场情况及时修订订货合同。尽管采购人员根据自己已有的信息资料对市场进行了预测，编制了比较合适的采购计划，但在商品流通中，常常会遇到难以预料的情况，这就要求采购人员能根据变化了的情况，及时修订订货合同，争取减少长线商品、增加短线商品。当然，在修订合同时，必须按照合同法办事，以取得对方的理解和支持。

(7) 要有一定的社交能力和择优能力。采购人员工作本身决定他要同许多企业、各种人打交道，这就要求其具有一定的社会交际能力，要学会在各种场合、各种不同情况下，协调好各方面的关系，签订好自己所需要的商品合同，注销暂不需要的商品合同或修改某些合同条款，要尽最大努力争取供货方在价格、付款方式、运费等方面的优惠。

此外，全国汽车配件生产企业多，产品品种繁杂，假冒伪劣产品防不胜防。要选择好自己采购计划中所需要的产品，就必须依靠自己的择优能力购货，对购货厂家的产品质量和标识要十分了解，要选择名牌、优质价宜的产品。

(8) 要善于动脑筋，有吃苦耐劳的精神。采购人员不仅要善于动脑筋，摸清生产和销售市场的商情，而且要随时根据市场销售情况组织货源，在竞争中要以快取胜。采购人员常年处于紧张工作状态，为使企业获得最好的经济效益而奔波，需要有吃苦耐劳的精神。

（一）任务下达

利用企业实习机会或其他方法，搜集配件从业人员在岗位工作中的表现，说明不同的工作岗位应具备不同的职业素质。

（二）任务实施

以小组形式展开，分工明确，并采用角色扮演法在课堂上展示，同时注意观察其他组展示情况，并将所见所闻进行记录。

（三）任务评价

(1) 通过本任务的学习，你认为自己是否已经掌握了相关知识并掌握了基本操作技能。

(2)实训过程每一任务完成情况评价,完成程度。
(3)在完成每次任务的过程中,你和同学之间的协调能力是否得到了提升?
(4)通过本任务的学习,你认为自己在哪些方面还需要深化学习并提升岗位能力?

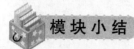

配件岗位认知模块的学习主要从岗位设定和汽车配件从业人员职业素质两个方面进行介绍。岗位设定介绍了配件部门的组织结构设置原则、方法和常见组织机构形式,不同岗位的任职条件和岗位职责。汽车配件从业人员职业素质介绍了销售人员应具备的个人素质和业务素质等方面内容,以及采购人员应具备的素质要求。

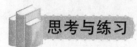

(一)单项选择题

1. 组织机构设置的原则有目标明确、功能模块清晰和( )。
   A. 建立部门　　B. 确定管理层次　　C. 确定职权关系　　D. 分工明确
2. ( )的岗位职责之一是负责配件价格的估价,同时有权审核价格的合理性。
   A. 配件计划员　　B. 配件采购员　　C. 配件主管　　D. 配件销售员
3. ( )的岗位职责之一是负责所需配件的订购,确保客户、本修理车间和经营所需配件的供应。
   A. 配件计划员　　B. 配件采购员　　C. 配件主管　　D. 配件销售员
4. ( )的岗位职责之一是以低成本高品质为目标,积极开发配件配套厂家,降低采购费用,提高采购效率。
   A. 配件计划员　　B. 配件采购员　　C. 配件主管　　D. 配件销售员
5. ( )的岗位职责之一是客户提出关于配件的问题(质量、价格、咨询等),能及时准确地回答。
   A. 配件计划员　　B. 配件采购员　　C. 配件主管　　D. 配件销售员

(二)判断题

1. 确定管理层次是确定一个上级直接指挥的下级部门的力度。　　( )
2. 仓储项目经理要负责仓库员工日常培训规划和指导、监督管理工作。　　( )
3. 精品销售员要负责汽车精品销售,派工安装,施工跟进。　　( )
4. 一个优秀的销售人员要能言善辩,善于学习同行的经验,从中获得有益的启示。
   　　( )
5. 计划员要根据自己掌握的资料,编好采购计划。　　( )

(三)简答题

1. 简述汽车维修企业配件部门组织机构构成。
2. 配件销售人员应具备的职业素质有哪些方面?
3. 销售基本功包含有哪几个方面?

思考与练习答案

(一) 单项选择题

1. D 2. C 3. A 4. B 5. D

(二) 判断题

1. × 2. √ 3. √ 4. × 5. ×

(三) 简答题

略。

模块三　常用汽车配件

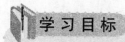

学习目标

1. 掌握汽车配件分类方法；
2. 了解汽车的组成部分及其作用；
3. 掌握汽车常用材料的性能及正确使用汽车常用材料。

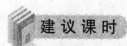

建议课时

10 课时。

汽车配件有狭义和广义之分。就广义汽车配件而言，除当前生产中习惯列为配件的品种外，还把发动机总成、变速器总成等关键总成和某些相关件都列为汽车配件。另外，底盘和车身虽然在统计时往往单列，但它们也被认为是广义的汽车配件。欧洲一些国家还把汽车薄板、油漆等直接影响汽车发展的原材料也列入汽车配件，应予以特别注意。

各国对汽车配件没有一个统一的分类方法，一般都是根据自己确定的目的进行单一原则的分类。

一、汽车配件分类

(一)汽车配件类型

在汽车维修企业与汽车配件经营企业，汽车配件是构成汽车整体的各个单元及服务于汽车的一种产品，通常把汽车零部件、汽车标准件和汽车材料 3 种类型的汽车产品统称为汽车配件。

1. 汽车零部件

1) 零件

零件指不采用装配、焊接、铆接等工序制成的单一成品、单个制件，如活塞销、平垫片等。

2) 单元体

单元体指由零部件之间任意组合而构成具有某一功能特征的功能组合体，通常能在不同环境下独立工作，如气门组、连杆等。

3) 子总成

子总成指由两个或多个零件经装配工序或组合加工而成，对分总成有隶属级别关系，如离合器压盘、变速器盖等。

4）分总成

分总成指由两个或多个零件与子总成一起采用装配或焊铆等工序组合而成，对总成有隶属装配级别关系，如活塞连杆组、曲轴飞轮组等。

5）总成

总成指由数个零件、数个分总成或它们之间的任意组合而构成一定装配级别或某一功能形式的组合体，具有装配分解特性，如发动机总成、离合器总成。

总成、分总成、子总成、单元体和零件均属于汽车零部件。

2. 汽车标准件

标准件是指结构、尺寸、画法、标记等各个方面已经完全标准化，并由专业厂生产的常用的零(部)件，如螺纹件、键、销、滚动轴承等。广义的标准件包括标准化的紧固件、连接件、传动件、密封件、液压元件、气动元件、轴承、弹簧等机械零件。狭义的标准件仅包括标准化紧固件。其中适用于汽车的标准件，称为汽车标准件，如图3-1所示。

3. 汽车运行材料

所谓汽车运行材料是指车辆运行过程中，使用周期较短、消耗费用较大、对车辆使用性能有较大影响的一些非金属材料，按其对汽车运行的作用和消耗方式的不同可分为：车用燃料，车用润滑油料，车用工作液，汽车轮胎，如图3-2所示。

图3-1 汽车标准件

图3-2 汽车材料

4. 正品配件

正品配件是指汽车制造企业相关的汽车配件企业按照主机厂生产装配车辆要求使用的配件。这些性能、质量、规格等技术参数与主机厂完全一致的配件是为了向客户(车辆使用者)提供最佳车辆维修质量。客户因使用仿制品、伪造品或回收的废品配件而出现故障的，将不在汽车制造企业新车的有限保修项目或其他汽车制造企业担保项目的范围内。另外，因使用仿制品、伪造品或回收的废品配件而导致其他正品件损坏的情况，也不在汽车制造企业保修范围内。

5.与汽车配件分类相关的名词

(1)品种:同一名称的大类中,有相同功用而材质不同的零件称为品种。

(2)规格:零件、基础零件、合件、基础合件、组合件或总成的标准尺寸,加大或缩小的维修尺寸等称为规格。

(3)汽车配件:凡只适用于汽车上的零件、合件、组合件(包括它们的基础件)和总成统称为汽车配件。

(4)易损件:相对运动速度大、承载能力强、工作环境温度高且易磨损或断裂、易失效的零件为易损件。易损件分为发动机易损件、底盘易损件、车身易损件、电器与电控设备易损件。

①发动机易损件。发动机是汽车的动力装置,以往复活塞式发动机为例,由两大机构五大系统组成。

常耗易损件:汽缸体、汽缸套、活塞、活塞环、活塞销、活塞销衬套、连杆、曲轴、连杆轴承与曲轴轴承、飞轮总成、气门、气门导管、气门弹簧、气门座圈、凸轮轴、气门挺杆、气门推杆、气门摇臂、凸轮轴正时齿轮、正时链条(齿形皮带)、进排气歧管总成、机油泵、机油集滤器、油底壳、汽油泵、汽油滤清器、空气滤清器、散热器、节温器、水泵、风扇皮带等。

②底盘易损件。汽车底盘由传动系、行驶系、转向系、制动系4部分组成。

常耗易损件:离合器总成、离合器从动盘总成、离合器传动操纵机构、离合器液压主缸和轮缸、变速器、传动轴及万向节、主动和从动锥齿轮、半轴、转向节、轮毂、轮毂螺栓及螺母、钢板弹簧、螺旋弹簧、钢板弹簧衬套、减振器、转向盘、转向器、动力转向装置、纵拉杆与横拉杆、空压机、液压制动主缸和轮缸、制动片、滚动轴承、汽车轮胎。

③车身易损件。车身配件主要由车身、驾驶室、车架等组成。

常耗易损件:纵梁、蒸发器、蒸发器壳体、驾驶室、翼子板和挡泥板、保险杠、牌照板、车外后视镜、装饰条、车门槛嵌条、杂物盒、烟灰缸、杂物箱、立柱饰护板。

④电器与电控设备易损件。汽车电器与电控设备主要由各类传感器、执行器、发电机、起动机、灯光电器等组成。

常耗易损件:传感器、执行器、发电机、起动机、前照灯等。

(二)配件目录使用

各种车型的配件目录都是各厂家根据本厂的配件技术文件编写的。一般来说,在目录的前面都附有使用说明,在查阅之前,一定要仔细阅读。

汽车配件目录中所列出的零配件首先按汽车的构成分成几个主总成(主组),每一个主总成又分成若干个半总成(子组)。在主总成和半总成中,大部分的零配件均按它们设计结构上的相互从属关系列序和编号,结构图也是从这个意图出发安排的。

在汽车配件目录中,一般每一总成都有拆解图示,并标明该总成各组成零件的序号(标号)对应表格中给出标号配件的名称、编号、每车用量等。

如果只知道零件名称而不知其零件号,则无法订货。在配件目录上查零件编号的方法是:首先查阅零件主组索引及目录,然后再按目录所示页码查阅子组列表目录,即可查阅到已知零件子组图页号码,再由图页号码查阅零配件列表目录,即可查阅到该零件号码、部位。

例如，在捷达轿车配件目录中，查找燃油泵的零件编号。首先从主组索引上查到燃油泵的零件主组号是1(发动机组)，然后在主组1发动机上找到燃油泵的子组号为27，并查到其子组图页号码为024-00。按照该零件子组图页号码，查到零件列表目录，即可查到该零件编号为026127025A(表3-1)。

查阅配件目录举例　　　　　　　　　表3-1

主组　1　发动机

插　图	零　件　号	名　称	备　注	件数	代　码
		燃油泵	1.6L		ABX,ACR
		燃油储备容器			
10	026 127 025 A	燃油泵		1	
10	026 127 025	燃油泵		1	
11	035 127 301 C	中间法兰盘		1	
12	049 127 311 A	密封环		1	
13	N 012 226 3	弹簧垫圈		2	
13	N014 726	内六角头圆柱螺栓		2	
15	026 127 177 B	气泡分离器	A8×15×0.5	1	
(15)	049 127 177 C	气泡分离器	M8×30	1	
—	026 127 411 A	固定架		2	AHX
—	N 013 966 5	扁圆头自攻螺钉	B4.5×9.5	2	ACR
—	N 900 996 01	5mm 成卷软管	5.5×3		ACR
		订购单位5			ACR
18		缩短到:	480mm	1	
19		缩短到:	250mm	1	
20		缩短到:	80mm	1	
21	N 024 528 1	卡德	LC-12	X	

注："代码"栏中，"ABX""ACR""AHP""ANL"等字样是捷达车所装备的不同发动机的代码。

查阅汽车配件目录时应注意：

(1)首先要确定所查阅的配件目录为车辆的原有目录，否则将无法保证所购配件适用。

(2)查阅前，必须明确知道汽车型号、发动机型号、发动机编号、底盘编号、出厂日期等参数。

1. 传统国产汽车配件的编号规则

1)汽车零部件编号规则

在我国，传统汽车零部件编号均按《汽车零部件编号规则》(QC/T 265—2004)统一编制。

(1)汽车零部件编号表达式。

以国产江铃全顺汽车的机油冷却器出水管(大)为例，对汽车零部件的编号规则进行说明，该配件编码为1012012TAB1(图3-3)。

$$\underline{1\ 0\ 12}\quad \underline{012}\quad \underline{TA}\quad \underline{B\ 1}$$
$$①\qquad ②\qquad ③\qquad ④$$

图3-3　汽车零部件编号规则

说明：

①——分组；

②——件号；

③——结构区分号；

④——变更经历代号（或修理件代号）。

(2)标准术语说明。

①分组号。用4位数字表示总成和总成装置图的分类代号。前2位数字代表它所隶属的组号，用来表示汽车各功能系统内分系统的分类代号。后2位数字代表它在该组内的顺序号。国产汽车产品零部件编号共有58个组号、638个分组号。如发动机零部件的组号为10，共有22个分组，即从1000～1022。图3-3中所表示的机油冷却器出水管（大）属于发动机零件范畴，所以它的分组号为1012，在上述的22个分组内。

②件号。用3位数字表示零件、总成和总成装置图的代号。

③结构区分号。用2个字母或2位数字区别同一类零件、总成和总成装置图的不同结构、性能、尺寸参数的特征代号。

④变更经历代号（或修理件代号）。变更经历代号是指用一个字母和一位数字表示零件、总成和总成装置图更改过程的代号。当零件或总成变化较大，但首次更改不影响互换的用A1表示，依次用A2,A3,…当零件或总成首次更改影响互换时，则用B1表示；若再次更改影响互换，则依次用C,D,…表示。

修理件代号是指在标准尺寸的基础上尺寸加大或减小的修理件，按其尺寸加大或减小顺序进行编号。其代号用2个汉语拼音字母表示，前一个字母表示修理件尺寸组别，后一个字母为修理件代号，用"X"表示。如某一修理件有3组尺寸时，其代号为"BX""CX""DX"。当该组修理件标准尺寸进行更改影响互换时，应相应更改尺寸组别代号，其字母根据更改前所用的最后字母依次向后排列。如更改影响互换时，标准尺寸的更改经历代号为"E"，则相应修理件代号为"FX""GX""HX"。

通过上例可知，国产汽车零部件的编号是由企业名称代号、组号、分组号、件号、结构区分号、变更经历代号（或修理件代号）组成。

2)汽车标准件的编号规则

(1)不含专用隶属件的汽车标准件编号表达式。

下面以某六角头螺栓的编码Q150B0650T1F3Q（图3-4）为例，对国产汽车标准件的编号规则进行说明。

图3-4　国产汽车不含专用隶属件的标准件编号组成

说明：

①——汽车标准件特征代号；

②——品种代号；

③——变更代号；

④——尺寸规格代号（修理件代号）；

⑤——机械性能材料代号；

⑥——表面处理代号;

⑦——分型代号。

(2)标准术语说明。

①汽车标准件特征代号。以"汽"字汉语拼音第一位大写字母"Q"表示。

②品种代号。品种代号由3位数字组成,首位表示产品大类(大类含义见表3-2)。第2位为分组号,第3位为组内序号。结构功能相近的品种尽可能编入同一分组。表3-3列出了汽车行业已采用产品的部分品种代号。

汽车标准件品种代号(大类)规则　　　　　表3-2

代号	产品名称	代号	产品名称
1	螺柱、螺栓	6	螺塞、扩口式管接件、卡箍、夹片
2	螺钉	7	润滑脂嘴、密封件、连接叉、球头接头
3	螺母、螺母座	8	卡套式管接件
4	垫圈、挡圈、铆钉	9	其他
5	销、键		

部分汽车标准件产品品种代号　　　　　表3-3

品种代号	采用标准	名称	说明
Q110	GB/T902.1-1989	手工焊接螺柱	
Q150B	ISO4014:1988(GB/T5782) ISO4017:1988(GB/T5783)	六角头螺栓	粗牙,全螺纹段采用 ISO 4017
Q151B	ISO8765:1988(GB/T5785) ISO8676:1988(GB/T5786)		细牙,全螺纹段采用 ISO 8676
Q151C	ISO8765:1988(GB/T5785) ISO8676:1988(GB/T5786)		较细牙,全螺纹段采用 ISO8676

③变更代号。由于产品标准修订,虽然产品结构形式基本相同,但尺寸、精度、性能或材料等标准内容变更以致影响产品的互换性时,应给出"变更代号"。同一品种中不同螺纹系列,同一品种中不具有派生关系且不具有互换性的不同形式也采用变更代号加以区分。变更代号以一个汉语拼音大写字母表示,按B开始顺序使用(不用字母"I""O""Q""Z")。

④尺寸规格代号。尺寸规格代号直接以产品的主要尺寸参数表示,其位数为2~3位或3~6位不等。当由一个主要尺寸参数即可表示产品规格时,直接以该参数值用2~3位数字表示。而当需由2个或3个主要尺寸参数表示产品规格时,直接以参数值按主次顺序相接的3~6位数字表示。其中第一参数值仅一位数的,于左边加"0"补足两位,其余参数直接写入,不补位。某些品种主要参数含有带小数规格时,该参数中的小数规格以增为10倍的整数表示。如图3-4中所标注的尺寸规格为0650,它所表达的含义是此六角螺栓的螺纹规格为M6,杆长为50mm。

⑤机械性能材料代号。产品标准中已规定基本的机械性能、材料,不标注代号。产品标准还规定了可选用的其他机械性能、材料,当选用这些要求时,应标注相应代号。如图3-4中所标注的"T1",它所表达的含义是此六角螺栓所采用的材料和机械性能等级为钢8.8。

它可通过查表得到。

⑥表面处理代号。用法同上条。图3-4中所标注的"F3"所表达的含义是此六角螺栓的表面经镀锌彩虹钝化处理。它也可通过查表得到。

⑦分型代号。以一种结构形式为基础,通过改变局部结构形式或增加新的技术内容所派生出的具有新增或不同功能的品种,其品种代号应与基本品种一致,每种分别给出分型代号。分型代号以一个汉语拼音大写字母表示。如准许制成全螺纹的品种,视为一种分型,分型代号统一采用"Q"。

(3)含专用隶属件的汽车标准件编号表达式。

含专用隶属件的汽车标准件编号方式与不含专用隶属件的汽车标准件编号方式基本相同,唯一的区别在于含专用隶属件的汽车标准件编号表达式中多了一位总成件专用隶属件代号,并用圆点将它与尺寸规格代号分隔开。下面以 C 型蜗杆传动式软管环箍、最大夹紧直径为 50mm 的齿带零件编号为 Q67550·1(图3-5)为例,对含专用隶属件的汽车标准件的编号规则进行说明。

$$\underset{⑧\ ⑨}{Q67550 · 1}$$

图3-5 国产汽车含专用隶属件的标准件编号

说明:
⑧——分隔点;
⑨——总成件专用隶属件代号。

总成件专用隶属件代号,仅用于某总成件的零件,其代号以自"1"起的顺序数字表示。隶属件代号应置于尺寸规格代号之后,并以"·"分隔。

2. 新标准下国产汽车编码规则

中国标准委于2015年9月11日批准发布了由中国物品编码中心、中国自动识别技术协会等单位起草的 GB/T 32007—2015《汽车零部件的统一编码与标识》国家标准。该标准规定了汽车零部件统一编码的编码原则、数据结构、符号表示方法及其位置的一般原则,适用于汽车零部件(配件)统一编码和标识的编制。它提高了汽车零部件管理的信息化水平,实现可追踪性与可追溯性;有助于零部件和整车企业对产品的全生命周期管理及缺陷产品召回,有利于汽车服务市场的转型、升级,促进我国汽车零部件生产企业、整车企业、维修和流通领域的诚信和品牌建设。同时,标准的出台为汽车配件生产、流通、维修,后市场的电子商务、移动互联网、质量保障体系、云服务平台的建立提供了有力支撑。

1)汽车零部件统一编码的编码原则

汽车零部件统一编码应遵循唯一性、稳定性、可扩展性、可追溯性、可兼容性的原则,适用于汽车生产、流通、维修、消费等环节。

(1)唯一性。汽车零部件统一编码的唯一性是指汽车零部件产品的基本特征发生变化后应编制新的全球贸易项目代码 GTIN,产品的基本特征一般包括产品名称、商标、种类、规格、数量、包装类型等关键属性要素,同时还要考虑产品自身的特性和市场销售需要确定其他属性要素,对汽车零部件产品的全球贸易项目代码 GTIN 进行合理的唯一性编码。

(2)稳定性。汽车零部件统一编码的稳定性是指一旦为汽车零部件的全球贸易项目代码 GTIN 编制了一个代码,只要产品的基本特征没有发生变化就不能重新编制新产品的代码,而且考虑多数汽车零部件产品的较长使用周期,曾经使用过的全球贸易项目代码 GTIN 不建议再应用于新的零部件产品上。

(3)可扩展性、可追溯性、可兼容性。汽车零部件统一编码的可扩展性、可追溯性、可兼容性主要是指编码时应充分考虑汽车零部件产品的行业特性,结合信息化技术,通过数据库和信息交换对汽车零部件统一编码与企业内部产品管理码、采购方或总装企业的 OE 码、售后的追踪追溯码进行整合关联、映射对照,在不同的应用环节中通过自动识别技术识读条码信息,通过网络调取数据库中零部件产品的详细信息,满足汽车生产、流通、维修、消费等不同环节中对汽车零部件编码的信息化应用的目的。

2)汽车零部件统一编码的编码数据结构

汽车零部件统一编码数据由基本数据结构和扩展数据结构组成。基本数据结构给出了唯一标识到零部件的单品或整批标识到批次的编码数据结构与标识方法,企业可根据生产的实际情况对零部件产品进行单品编码或批次编码,常用扩展数据结构则根据实际应用需要对汽车零部件产品内部零部件号、零部件在客户方的代码(OE 码)、生产日期等产品属性信息进行编码。

(1)统一编码的基本数据。

基本数据是由全球贸易项目代码 GTIN 和零部件批号或零部件序列号组成,数据结构如表 3-4 所示。其中应用标识符 01 为必选,应用标识符 10 和 21 至少选择一项。

基本数据结构　　　　　　　　　　表 3-4

应用标识符	数据格式	数据名称
01	n_{14}	全球贸易项目代码 GTIN
10	a_{n-20}	零部件批号
21	a_{n-20}	零部件序列号

注:1. n_{14} 定长,表示 14 个数字字符;
　　2. a_{n-20} 不定长,表示最多 20 个字母、数字字符。

实际应用过程中,如果汽车零部件是通过批次进行整批标识和管理的,则应采用应用标识符 01 字符串(全球贸易项目代码 GTIN)和应用标识符 10 字符串(零部件批号)组合进行统一编码。如果汽车零部件是通过序列号进行单个标识和管理的,则应采用应用标识符 01 字符串(全球贸易项目代码 GTIN)和应用标识符 21 字符串(零部件序列号)组合进行统一编码。汽车零部件产品中个别既标识零部件批号又标识序列号的,可以采用应用标识符 01、10、21 三个字符串组合进行统一编码,也可以把产品批号和序列号进行整合成为一个即含有批号又包括产品序列号的单个产品唯一序列的标识和管理形式。统一编码中的批号或序列号数据应与产品明文标识的批号或序列号一一对应、严格一致。

应用标识符 01 即全球贸易项目代码 GTIN 由厂商识别代码、商品项目代码、校验码组成。其中厂商识别代码需要向中国物品编码中心注册成为中国商品条码系统成员后才能使用,商品项目代码是由企业根据《商品条码零售商品编码与条码表示》(GB 12904—2008)对不同产品进行唯一性的编码、计算校验码,且应保持编码的稳定性和无含义性。

全球贸易项目代码 GTIN 编码示例:假设某零部件生产企业已经注册厂商识别代码 69299999,该企业目前生产的汽缸套、风冷缸套、轴瓦三个大类共计 22 种产品使用统一编码标识,其商品项目代码按流水号0001~0022连续编号,如再增加一种新的产品则商品项目代码编为0023,再增加则商品项目代码编为0024,以此类推为每种零部件编制商品项目代码。商品项目在编制时应考虑产品名称、商标、种类、规格、数量、包装类型等关键属性要素和贸易方之间对交易信息的交互需求,但GTIN中的商品项目代码与企业内部的产品管理代码或上游采购方的OE代码等无必然联系,可以在信息数据库中采用关联、映射等方式实现对应、对照。全球贸易项目代码GTIN 06929999900013这14个数字,仅是全球唯一的一组数字代码,其所表示的产品牌号、发动机型号、OE代码等类别、属性、规格型号等产品描述性信息均应以GTIN为关键字通过网络从数据库中调取(表3-5)。

某企业产品全球贸易项目代码GTIN表 表3-5

产品类别	牌号	发动机型	原厂OE代码	缸数	缸径	总长	厂商识别代码	商品项目代码	校验码	全球贸易项目代码GTIN
汽缸套	I	C190	9-11261-224-1	4	86.0(FF)	163	69299999	0001	3	06929999900013
汽缸套	I	D500	9-11261-257-0	6	98.0(FF)	206	69299999	0002	0	06929999900020
汽缸套	I	6BD1	1-11261-118-0	6	102.0(FF)	204	69299999	0003	7	06929999900037
汽缸套	I	4BD1					69299999	0004	4	06929999900044
汽缸套	I	IOPE1	1-11261-175-0	10	127.0(FF)	233	69299999	0005	1	06929999900051
汽缸套	M	4DQ5	30607-50301	4	83.0(SF)	162	69299999	0006	8	06929999900068
汽缸套					84.0(FF)		69299999	0007	5	06929999900075
汽缸套	M	6D15-3AT	M071090	6	113.0(FF)	206	69299999	0008	2	06929999900082
汽缸套	M	8C0	M062783	8	138	259	69299999	0009	9	06929999900099
汽缸套	M	8C1	M060439-41	8	142	257	69299999	0010	5	06929999900105
汽缸套							69299999	0011	2	06929999900112
风冷缸套	J	JC/80	11340-01116	1	80	113	69299999	0012	9	06929999900129
风冷缸套	D	D/MA	11340-01118	1	88	96	69299999	0013	6	06929999900136
风冷缸套	B		11340-09225	1	90	104	69299999	0014	3	06929999900143
风冷缸套	T	T3-928		1	120	260	69299999	0015	0	06929999900150
风冷缸套		T3-929					69299999	0016	7	06929999900167
轴瓦	C	D343	7W 2136				69299999	0017	4	06929999900174
轴瓦			7W 2137				69299999	0018	1	06929999900181
轴瓦	C	D399	7W 2138				69299999	0019	8	06929999900198
轴瓦			7W 2139				69299999	0020	4	06929999900204
轴瓦	C	3116	7W 2140				69299999	0021	1	06929999900211
轴瓦			7W 2141				69299999	0022	8	06929999900228
……							69299999	……	c	……

(2)统一编码的常用扩展数据。

常用扩展数据为可选项,不可单独使用,需要与基本数据配合使用。常用的扩展数据如表 3-6 所示。

常用扩展数据表　　　　　　　　　　　表 3-6

应用标识符	数据格式	数据名称
92	a_{n-20}	供应商在客户方的厂商代码
240	a_{n-20}	零部件号
241	a_{n-20}	零部件在客户方的代码
400	a_{n-20}	客户购货订单代码
00	n_6	生产日期(年、月、日)

注:1. n_6 定长,表示 6 个数字字符;

2. a_{n-20} 不定长,表示最多 20 个字母、数字字符。

常用扩展数据是作为汽车零部件统一编码的可选项,是需要企业根据自身生产经营的管理需要和市场销售流通及售后维护的应用需要,根据《商品条码应用标识符》(GB/T 16986—2009)选择合适的应用标识符 AI 及其对应的数据编码。结合汽车行业的应用特点,规定了应用标识符 AI(92)、AI(240)、AI(241)、AI(400)、AI(11)五项作为常用扩展数据。常用扩展数据所表示的编码信息仅作为基本数据的补充,不能脱离基本数据单独使用。如总装企业或整车企业要求在汽车零部件统一编码加入 OE 代码,即可选择应用标识符 AI(241)(零部件在客户方的代码),在汽车零部件统一编码加入生产日期,即可选择应用标识符 AI(11)(生产日期)。

(3)统一编码的其他扩展数据结构要素。

其他扩展数据结构要素为可选项,不可单独使用,需要与基本数据配合使用,可根据实际情况增减数据结构要素。除了五项常用扩展数据以外,考虑汽车行业生产、贸易及供应链中的信息数据的交换个性化要求,对汽车零部件统一编码还可以选择 GB/T 16986—2009 中已经注明的其他应用标识,如 AI(00)系列货运包装箱代码、AI(02)物流单元中的全球贸易项目代码、AI(17)有效期、AI(310X)净重(kg)、AI(37)在一个物流单元中所含贸易单元的数量、AI(410)交货地 EAN、UCC 全球位置码、AI(420)收货方邮政编码等。

在仓储箱包装、运输用托盘上也可以根据 GB/T 16986—2009 和 GB/T 15425—2014 的具体要求对汽车零部件统一编码进行更为全面、深入的应用,全面提高汽车零部件相关贸易方的全球化产品数据自动识别采集、数据交互的效率,不但可以满足企业内部信息化管理的要求,还可以服务于供应链的各个环节对产品信息的自动采集,使汽车零部件统一编码更好地服务于汽车行业的发展。

(4)汽车零部件统一编码示例。

①带有常见扩展数据的配件编码。图 3-6 中显示的条码符号下端的一串数字、字符或字母为供人识别的字符,应将供人识别字符中的应用标识符用圆括号括起来,以明显区别于其他数据。此编码的含义具体解释如下。

(01)06929999900228:AI(01)全球贸易项目代码 GTIN,是该厂生产的牌号为 C、发动机型为 3116、原厂 OE 代码为 7W2141 的轴瓦的全球贸易项目代码。

(10)W07201501:AI(10)零部件批号,为该轴瓦的生产批号。

(241)7W2141：I(241)零部件在客户方的代码，为上游采购方或总装企业为该轴瓦分配的 OE 码。

图 3-6　带有常见扩展数据的某配件编码

②带有其他扩展数据结构的配件编码。图 3-7 中的配件编码含义具体解释如下。

图 3-7　带有其他扩展数据结构的某配件编码

(01)06929999900389：AI(01)全球贸易项目代码 GTIN，为某汽车零部件的统一编码。

(10)W07201501：AI(10)零部件批号，为某汽车零部件的生产批号。

(11)150211：AI(11)生产日期，为某汽车零部件的生产日期 2015 年 2 月 11 日。

(400)70297375：AI(400)客户购货订单代码，为合同订单编号。

(241)0580012：AI(241)零部件在客户方的代码，为采购方对供应商的某零部件的编号。

③汽车零部件统一编码在外包装箱上应用的编码示例。如某零部件生产企业根据自身生产管理需要和贸易伙伴的管理需求，在贸易或仓储运输过程中通过扫描外包装箱上的条码实现不拆箱的货物交割，对其生产的某零部件外包装箱（非单件）进行符合本标准规定要求的统一编码与标识，如图 3-8 所示。此包装箱上的编码含义解释如下。

图 3-8　某零件外包装箱上应用的编码

(00)069299999000000016：AI(00)全球系列包装箱代码，为全球范围内唯一一箱编号。

(3302)000417：(AI(3302)毛重 kg，保留小数点后两位，为毛重 4.17kg。

(01)16929999900386：AI(01)全球贸易项目代码 GTIN 且包装指示符为 1。

(30)0006：AI(30)外箱内装的单件数，为箱内装 6 件。

(400)70297375：AI(400)客户购货订单代码，为合同订单编号。
(92)0580012：AI(92)供应商在客户方的厂商代，为采购方对供应商编号。
(91)663301：AI(91)贸易双方内部自定义交易信息，为一批共663件中的第301件。

3. 进口汽车配件的编码规则

我国进口（或引进车型）汽车品牌繁多，在工业发达国家，各汽车制造厂的零件编号并无统一规定，由各厂自行编制，其配件编号规则各不相同，这里以大众车系举例说明。

甲壳虫是大众汽车品牌之一，现以它的后视镜为例，对大众汽车配件的编码规则加以说明（图3-9）。甲壳虫后视镜的编码为113857501AB01C。此编码的含义具体解释如下。

$$\underset{①}{113} \quad \underset{②}{857} \quad \underset{③}{501} \quad \underset{④}{AB} \quad \underset{⑤}{01C}$$

图3-9　甲壳虫后视镜编码示意图

①车型或机组代码。

前3位数字表示车型或机组代码。当该零件是发动机及变速器件时，前3位为机组代码，如"012"表示五挡手动变速器件。当该件为除机组以外零件时，前3位代表车型代码，一般情况下，前3位为奇数时，代表左置转向盘车，为偶数时，代表右置转向盘车。图3-9中的"113"表明该车的零件属于甲壳虫车的。

②大类及小类。根据零件在汽车结构中的差异及性能的不同，德国大众配件号码系统将配件号分成10大类（即10个主组），每大类（主组）又分为若干个小类（即子组），小类（子组）的数目和大小因结构不同而不同，小类（子组）只有跟大类（主组）组合在一起才有意义。它们的含义可通过查配件手册获知。如图3-9所示的"857"，8为大类，称为主组，表示车身、空调、暖风控制系统。57为小类，称为子组，表示后视镜。

③配件号。按照其结构顺序排列的配件号由3位数（001~999）组成，如果配件不分左右或既可在左边又可在右边使用时，最后1位数字为单数。如果配件分左右件，一般单数为左边件，双数为右边件。图3-9中的"501"即为后视镜的配件号。

④设计变更号（技术更改号）。设计变更号由1个或2个字母组成，表示该件曾技术更改过。图3-9中的"AB"即为设计更改号。

⑤颜色代码。颜色代码用3位数字或3位字母的组合来表示，它说明该件具有某种颜色特征。图3-9中的"01C"表明此后视镜的颜色为黑色带有光泽。

通过上述例子可看出，大众的配件编码规则简明、完整、精确、科学。德国大众配件号码一般由14位组成。它们是通过阿拉伯数字和英语字母进行组合的。每一个配件只对应一个号码，每组数字、每个字母都表示这个件的某种性质，只要找出这个号码，就可以从几万或几十万库存品种中找出所需的配件来。

二、汽车配件常用材料

汽车是民用工业之集大成的产品，汽车常用材料包括制造汽车各种零部件用的汽车工程材料，以及汽车在使用过程中需要消耗的燃料和工作液等汽车运行材料。工程材料主要包括金属材料、高分子材料、陶瓷材料、复合材料等；汽车运行材料主要包括燃料、车用润滑油、汽车工作液、轮胎等。

(一)汽车常用润滑材料

1. 发动机机油

汽车润滑油分为矿物润滑油、合成润滑油、半合成润滑油等几类。润滑油通常是由天然气与原油提炼的碳氢化合物配制而成,一般润滑油中含有聚烯类(PAO)即称为合成机油。

发动机机油作为发动机的润滑油料,是汽车润滑材料中用量最大、性能要求较高、品种规格繁多、工作条件异常苛刻的一种油品。机油的成分是基础油(矿物油)+添加剂(防锈、防腐剂等)。

1)发动机机油的使用性能

发动机机油的工作条件十分恶劣,经受的环境温差较大,另外还要遭受水汽、酸性物质、灰尘、微粒和金属杂质的侵扰,因此,对发动机机油的使用性能也就提出了更高的要求。

(1)黏度。

黏度是指液体受到外力作用移动,液体分子间产生的内摩擦力的大小。发动机机油的黏度受温度的影响较大,所以在使用过程中应考虑其工作环境温度,以便选用适当黏度的品种。

(2)黏温性。

黏温性指发动机机油的黏度随发动机工作温度的变化而改变的性能。对于发动机机油来讲,黏温性是一项重要指标。发动机工作温度升高,发动机机油的黏度减小。黏度太小,润滑油膜容易破坏,密封作用不好,发动机机油消耗增加,同时还导致发动机部件磨损。

(3)腐蚀性。

发动机机油腐蚀性表示润滑油长期使用后对发动机机件的腐蚀程度。在机油中加有各种类型的抗腐、抗氧添加剂,可抑制、延缓机油的氧化过程,减少氧化物产生。

(4)清净分散性。

发动机机油在使用过程中,因受到废气、燃气、高温和金属催化作用,会生成各种氧化物。干净、分散性能良好的发动机机油能使这些氧化物悬浮在油中,通过发动机机油过滤器将其过滤掉,从而减少发动机汽缸壁、活塞及活塞环等部件上的沉积物,防止由于零件过热烧坏活塞环而引起汽缸密封不严、发动机功率下降、油耗增加的故障。

(5)抗磨性。

抗磨性指机油能够有效阻止或延缓发动机部件摩擦现象发生的特性。在机油中加入适量的抗磨添加剂后,机油便具有很强的抗磨性能,能够保证发动机各部件得到可靠润滑,避免或减少机件磨损。影响机油抗磨性能的主要因素是在发动机工作的条件下,机油在金属表面保持油膜的能力。

(6)抗氧化安定性。

发动机机油在使用和储存过程中,一旦与空气接触,在条件适当的情况下,便会发生化学反应,产生诸如酸类、胶质等氧化物。氧化物集聚在发动机机油中会使其颜色变暗、黏度增加、酸性增大。因此,发动机机油都应具有抗氧化能力,这种能力称为抗氧化安定性。

(7)热氧化安定性。

发动机机油在发动机机件上形成油膜,油膜在高温和氧化作用下,抵抗漆膜产生的能力,称为发动机机油的热氧化安定性。

2)发动机机油的分类

(1)按使用性能(使用等级)分类。

机油桶上标有"API"和"SAE"的字样,这些反映了机油的质量等级和黏度等级,同时也是两个重要的与润滑油相关的行业组织。

SAE(Society of Automotive Engineers)是美国汽车工程师学会的英文缩写。润滑油的黏度多使用 SAE 等级别标识,例如:SAE 15 W-40、SAE 5 W-40,"W"表示 Winter(冬季),其前面的数字越小说明机油的低温流动性越好,代表可供使用的环境温度越低,在冷起动时对发动机的保护能力越好;"W"后面(一横后面)的数字则是机油耐高温性的指标,数值越大说明机油在高温下的保护性能越好。

它分为 0W、5W、10W、15W、20W 及 25W 6 个级别。数字越小,表示低温下使用性能越好,如通常 20W 最低可在 -15℃下使用,而 5W 最低可在 -30℃下使用。40 表示机油的高温性能,它分为 20、30、40、50 及 60 这 5 个等级。数字越大,表示机油在高温时的黏度越高。一般天气下可选用 40 等级;而到了炎热的夏天,特别是对于一些长时间高速行驶或载重较大的车来讲,可选择 50 等级的机油,特别是一些较旧的车,选用 50 级别还可达到减少机油消耗、降低发动机噪声的效果。

API:美国石油学会(American Petroleum Institute),在汽车润滑油方面,负责制订质量分类。API 将汽车发动机油分为 S—汽油机油,C—柴油机油。

"S"开头系列规格有:SA、SB、SC、SD、SE、SF、SG、SH、Si、SL、SM。从"SA"一直到"SM",每递增一个字母,机油的性能都会优于前一种,机油中会有更多用来保护发动机的添加剂。字母越靠后,质量等级越高,国际品牌中机油级别多是 SF 级别以上的。

"C"开头系列规格有:CA、CB、CC、CD、CE、CF、CF-2、CF-4、CG-4、CH-4、CI-4,当"S"和"C"两个字母同时存在,则表示此机油为汽/柴通用型。

C 系列(柴油机系列)分为:CA、CB、CC、CD、CE 等级别。

(2)使用机油注意事项。

①严格按照汽车使用说明书中的规定,选用与该型汽车相适应的机油。

汽油机机油和柴油机机油原则上应区别使用,只有在汽车制造厂有代用说明或标明是汽油机和柴油机的通用油时,才可代用或在标明的级别范围里通用。

②应尽量使用多级油。多级油的优越性是它的黏度随温度变化小,温度范围宽,通用性好,特别是寒区短途行驶,低温起动较多,其优越性更为明显。

③将润滑油分成夏季用的高温型、冬季用的低温型和冬夏通用的全天候型。

2. 齿轮油

汽车齿轮油用于机械式变速器、驱动桥和转向器的齿轮、轴承等零件的润滑,起到润滑、冷却、防锈和缓冲的作用。

齿轮油以精制润滑油为基础,通过加入抗氧化剂、防腐蚀剂、防锈剂、消泡剂、抗磨剂等多种添加剂配制而成。

1)齿轮油的性能特点

汽车齿轮油应具有优良的极压抗磨性、热氧化安定性、防锈、防腐蚀性和剪切安定性;在使用中不产生泡沫,具有良好的低温流动性等,以满足汽车传动齿轮在各种工况下的润滑要求。

(1) 极压抗磨性是指齿面在高压(或高温)润滑条件下,防止擦伤和磨损等的能力。

(2) 抗氧化安定性是指齿轮油在与空气中的氧接触氧化后,会出现黏度升高、酸值增加、颜色加深、产生沉淀和胶质等现象,影响齿轮油使用寿命的程度。

(3) 剪切安定性是指汽车齿轮油在齿轮啮合运动中会受到强烈的机械剪切作用,使齿轮油中添加的高分子化合物(黏度指数改进剂和某些降凝剂)分子链被剪断变成低分子化合物,从而使齿轮油黏度下降的程度。

(4) 齿轮油要有良好的黏温特性。汽车齿轮油的工作温度变化很大,冬季冷起动时,温度可在0℃以下,要求汽车齿轮油的黏度不超过150Pa·s;当正常工作时,其工作温度可在100℃以上,此时要求齿轮油的黏度不能太小。

2) 齿轮油的规格

目前国际上采用 SAE 和 API 的分类标准。如 API GL-4 和 SAE 80W,其含义如下。

API——美国石油学会简称;

GL-4——齿轮油质量标号,指适用于双曲面齿轮传动的润滑;

SAE——美国汽车工程师学会简称;

80W——齿轮油黏度级号,80W 指适用于 -26℃以上的温度范围。

(1) API 质量标号根据齿轮负载,分为 GL-1、GL-2、GL-3、GL-4、GL-5、GL-6 六个质量等级。

我国齿轮油分两大类,一类是车辆齿轮油,包括手动变速器齿轮油和后桥齿轮油;另一类是工业齿轮油。其中工业齿轮油又分为工业闭式齿轮油、蜗轮蜗杆油、工业开式齿轮油 3 种。齿轮油的低温表观黏度是采用布氏黏度计(Brookfield)按 ASTM D2983(GB/T 11145)方法测定的动力黏度,以 MPa·s 表示。表观黏度与后桥齿轮的低温流动性有关,通常用表观黏度为 150000MPa·s 时最高使用温度来确定油品的黏度等级(牌号)。

我国普通车辆齿轮油的标准为 SH0350-92,相当于国外 API GL-3;中负荷车辆齿轮油标准正在制定;重负荷车辆齿轮油标准为 GB 13895—1992(参照采用 API GL-5 和 MIL-L-2105D)。国外车辆齿轮油规格有手动变速器油 MT-1,后桥齿轮油 API GL-5、MIL-L-2105E、PG-2。

(2) SAE 黏度标号分为 70W、75W、80W、85W、90、140、250 七个黏度等级标号,其中带 W 字母的为冬季用油。多级齿轮油,如 SAE80W/90,表示其低温黏度符合 SAE80W 的要求,高温黏度符合 SAE90 的要求,该油可以在某一地区全年通用,也可根据当地温度选用。

3) 选用齿轮油注意事项

(1) 根据季节选择齿轮油的标号(黏度级),对照当地冬季最低气温适当选用。标号为 75W、80W、85W 号的齿轮油分别适用于最低气温为 -40℃、-26℃、-12℃的地区。

(2) 根据齿轮类型和工况选择齿轮油(使用性能级别)。对于一般工作条件下的螺旋锥齿轮主减速器(驱动桥)、变速器和转向器,可选用普通车辆齿轮油;主减速器是准双曲面齿轮的,必须根据工作条件选用中负荷车辆齿轮油或重负荷车辆齿轮油,绝不能用普通齿轮油代替准双曲面齿轮油。馏分型双曲面齿轮油的颜色一般为黄绿色到深绿色及深棕红色,其他齿轮油一般为深黑色,使用时注意区别。

(3)按维修手册数量要求进行加油。

(4)按规定期限换油,一般换油周期为30000~48000km。

3. 润滑脂

润滑脂实际上是一种稠化了的润滑油,是将稠化剂分散于液体润滑剂中所组成的一种固体或半固体产品。润滑脂主要用于汽车轮毂轴承及底盘各活络关节处的润滑。

1)润滑脂的性能特点

(1)稠度。稠度指润滑脂的浓稠程度。

(2)耐热性。润滑脂应具有很强的附着能力,要求在温度升高时也不易流失。

(3)抗磨性和抗水性。要求润滑脂具有良好的抗磨性和抗水性,不会在遇水后稠度下降,甚至乳化而流失。

(4)良好的胶体安定性和抗腐蚀性。防止使用中和储存时胶体分解,液体润滑油被析出。

2)润滑脂的种类

润滑脂有钙基润滑脂、钠基润滑脂、钙钠基润滑脂、通用锂基润滑脂、汽车通用锂基润滑脂、极压锂基润滑脂、石墨钙基润滑脂等。

3)润滑脂使用注意事项

(1)推荐使用锂基润滑脂。锂基润滑脂滴点高,使用温度范围广,并有良好的低温性、抗磨性、抗水性、抗腐蚀性和热氧化安定性,是目前最常用的一种多效能润滑脂。

(2)不同种类的润滑脂不能混用,新旧润滑脂也不能混用。即使是同类的润滑脂也不可新旧混用,这是因为旧润滑脂含有大量的有机酸和杂质,会加速新润滑脂的氧化。换润滑脂时,必须将旧润滑脂清洗干净,才能加入新润滑脂。

(3)用量适当。更换轮毂轴承润滑脂时,只需在轴承的滚珠(或滚柱)之间塞满润滑脂,而轮毂内腔采用"空毂润滑",即在轮毂内腔仅仅涂上一层润滑脂,这样易于散热,既可降低润滑脂的工作温度,又可节约润滑脂用量。

4)合理选用润滑脂

(1)与水直接接触的部位,如水泵轴承、底盘轴承等,不能用钠基等水溶性稠化剂润滑脂,应使用钙钠基脂或锂基脂。

(2)高转速、恶劣条件下工作的部位,如离合器分离轴承、传动轴中间轴承、传动轴十字轴滚针轴承等,可用黏附性好、稠度低一些的钙基脂、钙钠基脂。

(3)高温部位,如变速器输入轴承,不能用钙基脂,应使用钠基脂或钙钠基脂。

(4)轮毂轴承应使用长寿命的锂基脂或二硫化钼锂基脂,以减少轮毂拆装次数,降低维护成本。

(5)石墨钙基脂则适用于钢板弹簧、起重机齿轮转盘、绞车齿轮等重负荷、低转速和粗糙的机械润滑。

4. 制动液

制动液用于液压制动系统和液压离合器操纵系统的能量传递,制动液的质量直接关系着行车安全。为了保证汽车的行驶安全,汽车制动液必须具有适当的黏度、气阻温度、氧化安定性及橡胶溶胀性等。

1）性能要求

（1）黏度。制动液必须有合适的高、低温黏度，其高温（100℃）运动黏度不低于 1.5mm²/s，否则将起不到润滑作用，而且密封性差，容易出现渗漏；而低温（-40℃）运动黏度不应大于 1800mm²/s，否则在严寒地区使用时，由于流动性差会影响安全。

（2）平衡回流沸点和气阻温度。平衡回流沸点是指在一个单位大气压下，60mL 制动液在容量为 100mL 并装有回流冷凝器的圆底烧瓶中，在规定的回流速度下的沸腾温度（经压力校正）。平衡回流沸点越高，制动液在使用时越安全可靠，在制动液规格中对平衡回流沸点做了规定。气阻度是指制动液温度升高蒸发气化，导致气阻，使汽车制动液压系统开始失去制动能力的温度。气阻温度越高，制动液在使用时就越安全可靠。一般来说，平衡回流沸点高的制动液，其气阻温度也高。

（3）湿平衡回流沸点。当制动液含有 3.5%±0.5% 的水时，所测定的平衡回流沸点称为湿平衡回流沸点。这一性能指标是考虑汽车在使用中，制动液不可避免地会吸入一部分水分，吸有水分的制动液其平衡回流沸点和气阻温度都会降低，这就会影响制动液的使用性能，当制动液含水 2.0% 时，其平衡回流沸点可由 193℃ 下降到 150℃。因此，制动液在使用和储存时要注意避免吸水。

（4）氧化安定性和防腐性。为防止制动液对制动系部件产生腐蚀作用，制动液必须用抗氧剂、防锈剂和多种抗腐蚀添加剂，有效地控制制动液的酸值和提高其抗腐蚀、防锈蚀的能力。而氧化安定性直接关系到制动液的使用寿命，所以制动液的规格中规定制动液在规定条件下进行 70℃、168h 的氧化试验，以测定制动液的氧化安定性。

（5）橡胶溶胀性。制动总泵和分泵的橡胶皮碗和密封件如果和制动液产生溶胀，导致皮碗的形状、尺寸和机械强度发生变化，而不能有效地密封，甚至出现翻碗，使液压系统失效。因此制动液对橡胶皮碗等橡胶部件的侵蚀作用应尽量小。在制动液规格中，要求橡胶皮碗在制动液中，分别进行 70℃、120h 和 120℃、70h 的橡胶溶胀试验。

（6）溶水性。制动液中存在游离的水时，在低温下可能结冰，高温时会气化而导致制动失效或制动性能减弱，所以要求制动液能够把外来的少量水分完全溶解吸收，并且不因此而分层、产生沉淀或显著改变原来的性质。

2）制动液的分类、品种和牌号

（1）国外制动液的规格标准。常用的进口制动液有 DOT3 和 DOT4，它们属非矿物油系，是由以聚二醇为基础和乙二醇及乙二醇衍生物为主的醇醚型合成制动液，再加润滑剂、稀释剂、防锈剂、橡胶抑制剂等混合而成，是各国汽车使用最普遍的制动液。

（2）目前国内使用的制动液按原料不同分为合成型、醇型和矿物型 3 种。合成型制动液有 4603、4603-1 和 4604 等牌号。4603、4603-1 适用于各类载货汽车的制动系，4604 适合于高级轿车和各种汽车的制动系统。

3）制动液的选用

（1）优先选用高型号制动液。根据汽车使用说明书中的规定选用制动液，普通汽车可使用 DOT3 型号的制动液，比较高级的车型可使用 DOT4 型号的制动液。

（2）合理选用国产制动液。使用国产制动液时，合成制动液适用于高速重负荷和制动频繁的轿车和货车;醇型制动液只能用于车速较低、负荷不大的老旧车型;矿物型制动液可在各种汽车上使用,但制动系需换耐油橡胶件。

4)注意事项

(1)各种制动液绝对不能混用,否则会因分层而失去制动作用。

(2)保持清洁,不允许杂质混入制动系统。

(3)注意防潮,防止水分混入和吸收水分使沸点降低。存放制动液的容器应当密封,更换下来和装在未密封容器内的制动液,不允许继续使用。

(4)定期更换,制动液应在1~2年进行更换,以防制动液吸湿后影响制动性能。

(5)山区下坡连续使用制动或在高温地区长期频繁制动,制动液温度可达150~170℃,因此要注意检查制动液温度,以防因气阻发生交通事故。

(6)防止矿物油混入使用醇型和合成型制动液的制动系统,使用矿物油制动液,制动系应换用耐油橡胶件。使用醇型制动液前,应先检查是否有沉淀,如有沉淀,应过滤后再使用。

5. 防冻液

长效防冻液一般都具有防冻、防锈、防沸腾和防水垢等性能。常用的防冻液为水与乙二醇、水与酒精、水与甘油按一定比例混合而成。多数防冻液为乙二醇—水型。

1)性能要求

(1)防冻液对发动机的冷却和传热应无不良影响。

(2)防冻液的冰点应低于最低环境温度。

(3)对冷却系的金属无腐蚀作用,且不会产生沉淀物,对橡胶件的影响应尽可能小。

(4)要求具有较小的低温黏度,且应无毒,起泡性小,沸点低,蒸发损失少。

2)防冻液的种类

(1)发动机防冻液是由基础液、防腐剂、消泡剂、染料和水组成。

(2)汽车防冻剂的种类很多,像无机物中的氯化钙($CaCl_2$)、有机物中的甲醇(CH_3OH)、乙醇厂(C_2H_5OH,俗名酒精)、乙二醇[$C_2H_4(OH)_2$,俗名甜醇]、丙三醇[$C_3H_5(OH)_3$,俗名甘油],润滑油以及我们日常生活中常见的砂糖、蜂蜜等,都可作为防冻液的母液。

3)注意事项

(1)尽量使用同一品牌的防冻液,不能混加。不同品牌的防冻液其生产配方会有所差异,如果混合使用,多种添加剂之间很可能会发生化学反应,造成添加剂失效。

(2)防冻液的有效期多为两年(个别产品会长一些),添加时应确认该产品在有效期之内。

(3)必须定期更换,一般为两年或每行驶4万km更换一次,出租车的更换周期应缩短。更换时应放完旧液,将冷却系统清洗干净后,再换上新防冻液。

(4)避免兑水使用。

6. 自动变速器油

自动变速器油主要用于自动变速器。它由精制的矿物油或合成油加入各种添加剂而合成。添加剂中有黏度指数改进剂、摩擦调整剂、抗氧化剂、清净分散剂、防锈剂、橡胶膨润剂、消泡剂等,而且还加入着色剂,使油液具有特定的颜色以便与其他油液相区别。自动变速器油是性能要求最高的润滑油之一,它必须满足动力传递、液压控制、润滑、冷却等各方面的要求。

1）性能要求

自动变速器油除具有齿轮润滑油的性能外，还应具有液压油的黏度、黏温特性和适合湿式离合器的摩擦特性。

（1）适宜的黏度。ATF 的使用温度为 -40～170℃，范围很宽，又因自动变速器对其工作油的黏度极其敏感，所以黏度是 ATF 重要的特性之一。不同种类变速器所需要的 ATF 黏度也不相同，因此不能随意地更换汽车使用 ATF 的标准油，避免由于 ATF 黏度与自动变速器黏度要求不适应，导致出现不良反应。当使用 ATF 的黏度偏大时，不仅影响变矩器的效率，而且可能造成低温起动困难；当使用 ATF 的黏度偏小时，会导致液压系统的泄漏增加。特别是变速器在高速工作时，铝制阀体膨胀量大，此时黏度小则可能引起换挡不正常。

（2）良好的热氧化安定性。由于自动变速器在工况变化频繁时，ATF 主体温度可能超过 150℃，离合器片表面温度可高达 390℃左右，所以要求 ATF 有良好的热氧化安定性和薄层油高温热安定性，否则油内氧化生成的酸或过氧化物会对轴承、离合器摩擦片和橡胶密封件产生腐蚀。

（3）良好的润滑性和摩擦特性。为确保变速行星齿轮、轴承、推力垫圈和油泵的使用寿命，ATF 必须有良好的润滑性；而摩擦特性对换挡感觉、响声和离合片的耐久性有重要影响。自动变速器因离合器摩擦片材质及变速机构的结构不同，对 ATF 的摩擦特性有不同的要求。

（4）优良的抗泡沫性。泡沫对液力传动系统危害极大，泡沫使变矩器传递功率下降，而且泡沫的可压缩性将导致液压系统压力波动和压力下降，甚至使供油中断，导致离合器片打滑、烧损。

（5）对橡胶密封材料有良好的适应性。自动变速器油不会导致密封材料产生过大的膨胀、收缩和硬化，否则会引起漏油，导致重大故障。

2）自动变速器油的规格

主要以美国通用公司的"DEXRONII-E"和福特公司的"MERCON"这两种规格为代表，其他欧洲、日本制造厂家近年来也制定了各自的新规格。例如，捷达轿车使用的自动变速器油规格为"VW ATF"，日本的规格为"Original ATF"，用以替代"DEXRONII-E"和"MERCON"。各类车型一定要按制造厂家推荐的规格选用相应的自动变速器油。

7．汽车液压油

1）汽车液压油的性能

汽车液压油的性能包括抗磨性、抗泡沫性和析气性、化学安定性等。

（1）抗磨性：液压油必须具有良好的抗磨性，抗磨液压油内的抗磨剂主要是 ZDDP 和硫-磷型，它们对含银部件有腐蚀作用，青铜部件对抗磨剂也很敏感。

（2）抗泡沫性和析气性：液压油的压缩性随液压系统压力的升高而增大。当油内含有气泡时尤为显著，液压油的压缩性将导致系统压力不足和传动反应迟缓，严重时会产生噪声、振动、气蚀、甚至损伤设备。因此，要求液压油应具有良好的消泡性和析气性。

（3）化学安定性：一般液压油的工作温度为 55～65℃，油泵转速和压力增加可使油温升到 80℃左右。由于工程车辆液压系统的油箱容量较小，油在系统内的循环率高，油温可超过 100℃，加上高速流动的油液中空气和水分离困难，将加速油的氧化变质。因此要求油液必须具有较好的热稳定性、氧化安定性、水解稳定性和抗乳化性。

2）液压油的分类

国产液压油的黏度分级是按 ISO3448 进行编排的。ISO 于 1982 年以 ISO6743/4 组公布了液压系统液压油分类标准，我国在 1982 年等效采用了 ISO 标准，将液压油按 40℃ 运动黏度分为 N15、N22、N32、N46、N68、N100 和 N150 七个牌号。

液压油按使用性能分类也是根据 ISO6743/4 标准来划分的，其中汽车常用的为 HM、HV、HS 三种。抗磨液压油（HM）是汽车液压系统广泛使用的液压油。液压系统对液压油质量的要求取决于系统的压力、体积流率和温度等运行条件。

3）液压油的选用

汽车上应用液压油的部位有传动、转向、悬架、自动倾卸、自动举升等机构。选用液压油时应考虑液压系统的工作条件（包括油泵的类型、工作压力、转速和系统内的油温，各部件材质，液压系统工作时间和工作特点等）和液压系统的工作环境（包括工作环境温度、温度变化情况及有无特殊情况等）。对于影响汽车行车安全的系统（如制动系统、转向系统等）应按汽车制造厂规定的油品选用。液压转向助力器一般采用 HV 类低温抗磨液压油或 ATF；汽车减振器采用性能属于 HV 类的专用汽车减振器油。目前国内外汽车采用的减振器油有矿油型和硅油型两种。

液压油的黏度牌号选择，应以保证液压系统在低温环境下能正常工作且灵敏可靠，在高温环境下能保持容积效率、机械效率之间的最佳平衡为考虑原则。

（二）汽车常用金属与非金属材料

1. 金属材料

金属材料具有坚固耐用和工艺性好的特点，而且其来源丰富，因此成为汽车制造工业中应用最广的材料。在我国，汽车工业每年所用的钢铁材料占钢铁年产量的 10% 左右。

金属材料分为两类：黑色金属和有色金属。黑色金属包括钢、铸铁；有色金属主要是指铝、铜、铅、锡、钛等及其合金。

1）钢

钢分为两类：碳素钢和合金钢。

（1）碳素钢。含碳量小于 2.11% 并含有少量杂质的铁碳合金统称为碳素钢。碳素钢由于价格低廉、工艺性良好，因此在汽车制造工业中获得了广泛的应用。

在汽车制造工业中常用的碳素钢主要有碳素结构钢、优质碳素结构钢和铸钢。

①碳素结构钢。此类碳钢含碳量在 0.06% ~ 0.38% 范围内，硫、磷含量较高，主要用于性能要求不高的机械零件和结构件上，如螺栓、螺母、拉杆、链轮、齿轮等。其牌号标识一般由表示屈服极限的字母 Q 和最小屈服强度数值组成，如最常用的碳素结构钢 Q235。

②优质碳素结构钢。优质碳素结构钢含有害杂质比碳素结构钢少，力学性能优于碳素结构钢，一般用来制造较重要的零件。优质碳素结构钢的牌号用两位数字表示，其含义为钢中平均含碳量的万分数。例如 45 钢就表示含碳量 0.45% 的优质碳素结构钢。如果含锰量较高，在其牌号后加注"Mn"，若为沸腾钢，则在牌号后加注"F"。

③铸钢。铸钢中的含碳量在 0.15% ~ 0.6%，常用来制造一些形状复杂，难以锻造且强度和塑性要求较高的零件。但其铸造工艺性差，近几年已基本被淘汰。

(2)合金钢。为了改善钢的性能,炼钢时有目的地加入一些合金元素所形成的钢称为合金钢。常添加的合金元素有:钛、铌、钨、铂、铬、锰、铝、钴、硅、硼、氮及稀土元素等。

合金钢种类很多,在汽车工业中常用的有合金结构钢和滚动轴承钢。

滚动轴承钢是用来制造滚动轴承滚动体、内外套圈的专用钢。

合金结构钢根据成分和用途不同可分为低合金高强度结构钢、合金渗碳钢、合金调质钢和合金弹簧钢。

①低合金高强度结构钢。低合金高强度结构钢是在碳素结构钢的基础上加入少量合金元素,使其屈服极限明显提高,韧性高于碳素结构钢。在汽车工业中常用的是Q390,用来制造高负荷的焊接部件。

②合金渗碳钢。合金渗碳钢具有外硬而内韧的优异特性,在汽车工业中应用十分广泛。合金渗碳钢(如20Cr、20CrMnTi)用来制造承受冲击载荷,并要求表面耐磨的零件,如传动齿轮、齿轮轴等。

③合金调质钢。合金调质钢是将优质中碳结构钢与中碳合金结构钢经调质后使用,主要用来制造承受多种复杂载荷的零件的钢,如汽车半轴、连杆、曲轴等。汽车工业中最常用的合金调质钢为"40Cr"。

④合金弹簧钢。弹簧钢是指用来制造各种弹性元件的钢。

2)铸铁

含碳量大于2.11%的铁碳合金称为铸铁,其强度、塑性和韧性都较差,但具有良好的铸造性、切削加工性和减磨性等,而且生产设备和工艺简单,价格便宜,因此在汽车工业中得到了广泛的应用。

根据铸铁中石墨结晶形态的不同,可以将铸铁分为三类:片墨铸铁、可锻铸铁、球墨铸铁。

(1)片墨铸铁:铸铁组织中石墨呈片状结晶,机械性能不高,但生产工艺简单,切削加工性能好,价格低廉,具有良好的减磨性,因此使用较为广泛。

(2)可锻铸铁:铸铁组织中石墨形态呈团絮状,其机械性能高于普通片墨铸铁,但生产工艺较为复杂,成本较高,一般用来制造重要的小型铸件。

(3)球墨铸铁:铸铁组织中石墨形态呈团球状,它不仅机械性能较高,生产工艺也相对简单,并且可以通过热处理进一步显著提高强度,近年来日益得到广泛的应用,常用来制造高负荷的重要铸件,如曲轴、齿轮等。

3)有色金属

有色金属是指除铁碳合金外的其他金属,如镁、铝、铜、镍、铅、锡及其合金等。它们种类繁多,具有独特的性能和优点,是现代汽车工业中不可缺少的材料。其中又以铝、铜及其合金应用最为广泛。

(1)铝及铝合金:纯铝强度很低,但铝合金力学性能十分优异,而且具有密度小、耐腐蚀的优点,因此铝合金在汽车工业中获得了广泛的应用。铝合金可以分为铸造铝合金和形变铝合金两种。

①铸造铝合金:力学性能较差,但铸造性好,可以铸造各种形状复杂的零件。按照主要合金元素的不同可以分为铝–硅系、铝–铜系、铝–镁系、铝–锌系四类。其中铝–硅系、

铝-铜系在汽车工业中应用较多,常用来制造发动机零部件,如汽缸体、汽缸盖、活塞等。

②形变铝合金:按主要性能特点可以分为防锈铝合金、硬铝合金、超硬铝合金和锻造铝合金。

a.防锈铝合金。强度适中,塑性和焊接性较好,常用拉延法制造耐腐蚀性的零件,如车身蒙皮、油箱等。

b.硬铝合金。强度较高,但防腐蚀性能较差,一般用来制造高负荷下的铆接件和焊接件。

c.超硬铝合金。强度最高,在强度上相当于超高强度钢,但耐腐蚀和耐热性均较差。主要用于制造重量轻、受力大、工作温度低的结构件。

d.锻造铝合金。力学性能与硬铝合金接近,但热塑性和耐腐蚀性能较好,适用于锻造加工。主要用于制造各种形状复杂、并且可在高温下工作的锻件,如汽缸盖、活塞等。

(2)铜及其合金:纯铜具有良好的塑性、导电导热性、耐腐蚀性,而且是一种逆磁性物质,因此广泛用于制造电线、电缆、磁学仪器和防磁器材。但纯铜强度和硬度较低,难以作为结构件材料,因此常用合金化的方法来获得强度较高的铜合金。按化学成分,铜合金可分为黄铜、白铜、青铜三种。

以锌为主要合金元素的铜合金称为黄铜,可以分为普通黄铜和特殊黄铜两种,在汽车工业中,普通黄铜应用较广,常用来制造结构复杂、耐热、耐腐蚀的零件,如散热器、油管等。

白铜是以镍为主要添加元素的铜合金,是制造变阻器、热电耦合器的材料。

青铜是指除了黄铜和白铜外的其他铜合金。汽车上常见的青铜零件有轴承和轴套衬垫、轴瓦、蜗轮等。

另外还有一种特殊类型的合金——轴承合金,主要用来制造滑动轴承的轴瓦及其内衬。汽车上凡是使用滑动轴承的地方就有它的身影。它具有以下特点:

①在工作温度下具有足够的强度和硬度。

②良好的耐磨性。

③足够的塑性和韧性,保证与轴配合良好并能抗冲击和振动。

④与轴摩擦系数小,润滑良好。

⑤磨合良好,负荷分布均匀。

⑥良好的抗腐蚀性和导热性,较小的膨胀系数。

⑦制造简单,价格低廉。

2.非金属材料

1)汽车塑料件

汽车塑料件占整个汽车自重的7%~10%。汽车用塑料件分为3类:内饰件、外饰件和功能件。我国汽车塑料件按用量排列依次为PP、PVC、PU、ABS、FRP、PA、PC等。

(1)汽车塑料的优点。汽车塑料的优点主要表现在质量轻、有良好的外观装饰效果、有多种实际应用功能、有良好的综合理化性能、容易加工成型、节约能源、可持续利用等方面。

①质量轻。各种塑料的平均比重只有一般普通钢材的15%~20%,也比一般木材轻。这一特点对高档大型轿车尤其明显,可以减去大量的自重。

②好的加工性能。高分子汽车材料具有可塑性,与其他材料之间有良好的兼容结合性

能。可以利用不同的材料组成,借助于各种现代化的成型加工机械,通过挤压、注塑、压延、模塑、吹塑等方法加工成具有不同形状、不同性能、不同颜色、不同功能的高分子汽车材料。

③优良的综合理化性能。大多数高分子材料除了具有可塑性外,还有很多优秀的理化性能。塑料具有良好的绝缘性能、防腐蚀性能、耐老化性能,良好的耐磨和耐洗刷性能,良好的防水性能和力学性能,良好的黏结性能,被加工成各种多性能和多功能的内外饰件用在汽车上。

④好的外观装饰效果。高分子汽车材料最突出的优点是装饰效果好。它可以被一次加工成具有复杂造型和多种色彩的制品,有时还需印刷、贴膜、轧花、复层、着色,加工成具有非常逼真的形象、花纹和图案,可以仿制天然木材、金属、动物皮的纹理,还可以表面烫金、贴膜、镀银、镶嵌等。

⑤节能和环保。高分子汽车材料还有一个优点是节约能源和促进环保。高分子汽车材料能替代大量的天然材料,从而节约大量的资源,起到保护森林和石材资源的作用,不破坏更多的生态环境。同时,由于塑料加工成型的方便性,制造高分子汽车需要的能源远远小于加工同等功能的天然材料(如钢铁、动物皮等),可节约大量人工和能源。大多数汽车材料用的塑料是热塑性塑料,其废旧料能方便地回收,直接再制造。

(2)汽车专用塑料。汽车上常用的塑料有聚酰胺(PA)、聚碳酸酯(PC)、三元乙丙橡胶(EPDM)、聚丙烯(PP)、聚甲醛(POM)、PA(聚酰胺)、聚对苯二甲酸丁二醇酯(PBT)等。常用的塑料材料如下所述。

①PC/ABS 合金应用于内饰件、仪表板、仪表板周围部件、防冻板、车门把手、阴流板、托架、转向柱护套、装饰板、空调系统配件、汽车车轮罩、反光镜外壳、尾灯罩、挡泥板等。

②PC/PBT 合金和 PC/PET 合金应用于外装件、汽车车身板、汽车侧面护板、挡泥板、汽车门框等。

③GFPA6、GFPA66、增强阻燃 PA6 应用于汽车发动机及发动机周边部件、发动机盖、发动机装饰盖、汽缸头盖、机油滤清器、刮水器、散热器格栅等。

④PBT 应用于保险杠、化油器组件、挡泥板、扰流板、火花塞端子板、供油系统零件、仪表盘、汽车点火器、加速器及离合器踏板等。

⑤POM 应用于汽油泵、汽化器部件、输油管、动力阀、万向节轴承、电动机齿轮、曲柄、把手、仪表板、汽车窗升降机装置、电开关、安全带扣等。

⑥PPE/PS 合金应用于汽车轮罩、前照灯玻璃嵌槽、尾灯壳等零部件;连接盒、熔断丝盒、断路开关外壳等汽车电气元件。

⑦PPE/PA 合金应用于外部件,如大型挡板、缓冲垫、后阻流板。

2)汽车新型环保材料

(1)镁合金。

①镁合金的特点。镁合金是一种轻合金,熔点为650℃。金属镁及其合金是工程应用中最轻的金属结构材料,纯镁的密度仅为 $1.738g/cm^3$,而常规镁合金如 AZ91 密度也只是 $1.81g/cm^3$,约为铝的2/3,钢的1/4,接近工程塑料的密度,因此将镁合金应用在汽车领域中可极大地减轻结构件的质量。高纯镁具有良好的物理性能以及耐腐蚀性能,但是由于其力学性能差,生产纯镁的成本高,所以在纯镁中加入铝、锌、锆、锰及微量元素镍等,它们在镁合

金中起到固溶强化、沉淀强化、细晶强化、提高耐热性等作用,可以作为结构材料广泛应用。

②镁合金应用于汽车材料方面的优势。

a.密度小。应用在汽车领域中可极大地减轻结构件的质量。

b.抗拉强度、屈服强度、伸长率与铝合金铸件相当。

c.具有良好的耐腐蚀性能、电磁屏蔽性能、防辐射性能,可进行高精度机械加工,且热传导性好,用在压铸汽车轮毂上,可有效散发制动摩擦热量,提高制动稳定性。

d.具有良好的压铸成形性能和尺寸稳定性,压铸件壁厚最小可达0.15mm,适合制造各类汽车压铸件。

e.具有良好的阻尼系数,减振性能优于铝合金和铸铁,用于壳体可以降低噪声,用于座椅、轮辋可以减少振动,提高汽车的安全性和舒适性。

f.易于回收再生。回收的镁合金可直接熔化再进行浇铸,且不降低其力学性能。

③镁合金在汽车上的使用部位,如表3-7所示。

镁合金在汽车上的使用 表3-7

构件类型	部 位
车内构件	仪表盘、座椅架、座位升降器、操纵台架、气囊外罩、转向盘、锁盒装置罩、转向柱、转向柱支架、收音机壳、小工具箱门、车窗发动机罩、制动器与离合器踏板托架、气动托架踏板等
车体构件	门框、尾板、车顶框、车顶板、IP横梁等
发动机及传动系统	阀盖、凸轮盖、四轮驱动变速箱体、手动换挡变速器、离合器外壳活塞、进气管、机油盘、交流电机支架、变速器壳体、齿轮箱壳体、机油过滤器接头、发动机罩盖、汽缸头盖、分配盘支架、油泵壳、油箱、滤油器支架、左侧半曲轴箱、右侧半曲轴箱、空机罩、左抽气管、右抽气管等
底盘	轮毂、发动机托架、前后吊杆、尾盘支架

(2)形状记忆合金。记忆合金是一种原子排列很有规则、体积变为小于0.5%的马氏体相变合金。这种合金在外力作用下会产生变形,当把外力去掉,在一定的温度条件下,能恢复原来的形状。由于它具有百万次以上的恢复功能,因此叫作"记忆合金"。

①分类。形状记忆合金可以分为以下3种。

a.单程记忆效应。形状记忆合金在较低的温度下变形,加热后可恢复变形前的形状,这种只在加热过程中存在的形状记忆现象称为单程记忆效应。

b.双程记忆效应。合金在加热时恢复高温相形状,冷却时又能恢复低温相形状,称为双程记忆效应。

c.全程记忆效应。合金在加热时恢复高温相形状,冷却时变为形状相同而取向相反的低温相形状,称为全程记忆效应。

②形状记忆合金在汽车行业的应用。

a.温度自反馈供油器。在汽车供油系统中,当外界气温降低导致燃油的黏度增加时,记忆合金弹簧和一个偏置弹簧组成的装置打开发动机附加油路,增加供油。其原理是记忆合金弹簧在低温下有较低的弹性模量,而另一弹簧弹性模量不变,因此偏置弹簧推动记忆合金弹簧打开附加油路;当温度较高时,记忆合金弹簧弹性模量增大,从而推动偏置弹簧关闭附加油路,以保证供油不会随温度变化而变化。

b. 齿轮箱记忆合金减振垫片。当温度增加时,汽车变速器齿轮箱中的齿轮由于材料的膨胀系数不同导致振动增大。记忆合金垫片的弹性恢复力随温度升高而增大,从而使紧固力增加,达到降低噪声的目的。

c. 发动机风扇和车内空调自控装置。当发动机或车内温度增加时,发动机风扇或空调调节机构会自动打开进行降温,温度降低时发动机风扇或空调自动停止或关闭,其原理与自动供油器相似。

d. 记忆合金储能弹簧。汽车制动过程会浪费能量,利用合金8%的伪弹性变形量将制动动能转变为储能弹簧的弹性势能。该弹性势能在行驶时释放驱动车轮而起到节能的作用。

(3)复合材料。复合材料是由两种或两种以上不同性质的材料,通过物理或化学的方法,在宏观(微观)上组成具有新性能的材料。它与纤维增强塑料(FRP)、纤维增强金属(FRM)、金属－塑料层叠材料等相当,具有质量轻、强度高、刚度好的特点,这些复合材料在汽车零部件上应用很普遍。各种材料在性能上互相取长补短,产生协同效应,使复合材料的综合性能优于原组成材料,以满足各种不同的要求。

①分类。

a. 按其组成分类。复合材料的基体材料分为金属和非金属两大类。金属基体常用的有铝、镁、铜、钛及其合金。非金属基体主要有合成树脂、橡胶、陶瓷、石墨、碳等。增强材料主要有玻璃纤维、碳纤维、硼纤维、芳纶纤维、碳化硅纤维、石棉纤维、晶须、金属丝和硬质细粒等。

b. 按其结构特点分类。复合材料按其结构特点又分为:纤维复合材料、夹层复合材料、细粒复合材料、混杂复合材料。

②性能特点。

a. 高的比强度和比模度。比强度、比模度高,对要求减轻自重和高速运转的结构和零件是非常重要的,碳纤维增强环氧树脂复合材料的比强度是钢的7倍、比模度是钢的4倍。

b. 抗疲劳性能好。由于纤维复合材料对缺口、应力集中敏感性小,而且纤维和基体界面能够阻止和改变裂纹扩展方向,因此复合材料有较高的疲劳极限。研究表明,碳纤维复合材料的疲劳极限可达抗拉强度的70%～80%,而一般金属材料的疲劳极限只有抗拉强度的40%～50%。

c. 良好的破裂安全性能。纤维复合材料中有大量独立的纤维,平均每立方厘米面积上有几千到几万根纤维,当纤维复合材料构件由于超载或其他原因使少数纤维断裂时,载荷就会重新分配到其他未断裂的纤维上,因而构件不致在短期内发生突然破坏,故破裂安全性好。

d. 优良的高温性能。由于增强纤维的熔点均很高,而且在高温条件下仍然可保持较高的高温强度,故用它们增强的复合材料具有较高高温强度和弹性模度。

e. 减振性能好。结构的自振频率与材料的比模量的平方根成正比,而复合材料比模量高,其自振频率也高,高的自振频率就不容易引起工作时的共振,这样就可避免零件因共振而产生的早期破坏。同时复合材料中纤维及基体间的界面具有吸振能力,因此它的振动阻尼很高。

f. 成型工艺简便灵活及可设计性强。对于形状复杂的构件,根据受力情况可以一次整体成型,减少了零件、紧固件和接头数目,材料利用率较高。

③玻璃钢/复合材料在汽车上的运用。玻璃钢/复合材料汽车零部件主要分为3类:车身部件、结构件及功能件。

a. 车身部件。车身部件包括车身壳体、车篷骨架、天窗、车门、散热器护栅板、前照灯反光板、前后保险杠等以及车内饰件。这是玻璃钢/复合材料在汽车中应用的主要方向,主要是满足车身流线型设计和外观高品质要求的需要,目前开发应用潜力依然巨大。车身构件主要以玻璃纤维增强热固性塑料为主,典型成型工艺有:SMCBMC、RTM 和手糊/喷射等。

b. 结构件。结构件包括前端支架、保险杠骨架、座椅骨架、地板等,其目的在于提高制件的设计自由度、多功能性和完整性。结构件主要使用高强 SMC、GMT、LFT 等材料。

c. 功能件。功能件要求材料耐高温、耐油腐蚀,以发动机及发动机周边部件为主。如发动机气门罩盖、进气歧管、油底壳、空气滤清器盖、齿轮室盖、导风罩、进气管护板、风扇叶片、风扇导风圈、加热器盖板、水箱部件、出水口外壳、水泵涡轮、发动机隔音板等。功能件的主要工艺材料为 SMCBMC、RTM、GMT 及玻璃纤维增强尼龙等。

d. 其他相关部件。其他相关部件包括 CNG 气瓶、客车与房车卫生设施部件、摩托车部件、高速公路防炫板和防撞立柱、公路隔离墩、商品检测车顶柜等。

④金属基复合材料(MMC)在汽车中的运用:MMC 具有高的比强度和比刚度、耐磨性好、导热性好及热膨胀系数低等特性,已在工业中得到了较为广泛的应用。应用于汽车工业的 MMC 为铝或镁基质加粉末或碎屑纤维增强。汽车制动盘、制动鼓、制动钳、活塞、传动轴以及轮胎螺栓均采用 MMC 制造。

⑤聚醚醚酮树脂(PEEK)。在汽车工业方面,利用 PEEK 树脂良好的耐磨性能和力学性能,PEEK 树脂可以作为金属不锈钢和钛的替代品,用于制造发动机内罩、汽车轴承、垫片、密封件、离合器齿环等各种零部件,另外也可用在汽车的传动、制动和空调系统中。

⑥复合材料与未来汽车。未来的汽车是属于适应环境保护的绿色汽车,复合材料能提高材料性能,延长使用时间,加强功能性,这些都是对环境有利的特性。但应认真对待并努力克服复合材料的再生问题,使复合材料朝着环境协调化的方向发展。

复合材料零件的再生利用是非常困难的,会对环境产生不利的影响。如目前发展最快、应用最高的聚合物基复合材料中绝大多数属易燃物,燃烧时会放出大量有毒气体,污染环境;在成型时,基体中的挥发成分即溶剂会扩散到空气中,造成污染。复合材料本身就是由多种组分材料构成,属多相材料,难以粉碎、磨细、熔融及降解,所以其再生成本较高,而且要使其恢复原有性能十分困难。因此再生利用的主要条件之一是零件容易拆卸,尽可能是单一品种材料,即便是复合材料也要尽量使用复合性少的材料。基于上述原则上,热塑性聚烯烃弹性体、聚丙烯发泡材料及 GMT 增强板材的应用量还会大幅度增加,相反,热固性树脂的用量将受到限制。目前在再生性和降解性方面的研究工作已经取得了很大的进展。

(4)纳米材料。纳米技术是指在 0.1~100nm 内,研究电子、原子和分子内在规律和特征,并用于制造各种物质的一门崭新的综合性科学技术。

①汽车用塑料橡胶。汽车用橡胶以轮胎的用量最大。在轮胎橡胶的生产中,橡胶助剂

大部分呈粉体状,如炭黑、白炭黑等补强填充剂、促进剂、防老剂等。以粉体状物质而言,纳米化是现阶段的主要发展趋势。事实上,纳米材料和橡胶工业原本关系就相当密切,大部分粉状橡胶助剂粒径都在纳米材料范围或接近纳米材料范围,如炭黑粒径为 11～500nm;白炭黑粒径为 11～110nm。

新一代纳米技术已成功运用其他纳米粒子作为助剂,以增强轮胎的耐磨性及抗裂性,改变汽车轮胎传统颜色。加入如 ZnO、$CaCO_3$、Al_2CO_3、TiO_2 等,轮胎的颜色不再仅限于黑色,而且可以有多样化的鲜艳色彩。另外,无论在强度、耐磨性或抗老化等性能上,新的纳米轮胎均较传统轮胎更胜一筹,如轮胎侧面胶的抗裂痕性能将由 10 万次提高到 50 万次。

②汽车用涂料。汽车涂料是工业涂料中技术含量高、附加值高的品种,它代表着一个国家涂料工业的技术水平。进一步开发耐刮伤、耐腐蚀、隔热、美观多彩、多功能的汽车涂料为涂料工作者提出了新的任务。

其中有代表性的有:1989 年美国福特公司首次生产出用纳米 TiO_2 配制的金属闪光面漆涂装的"变色"轿车;2004 年德国 CarboTec 公司研制出新纳米材料与汽车烤漆混合成特优的"钻石"烤漆,使用后汽车钣金形成了一坚固的保护层,使车身表面的烤漆更耐刮伤、耐磨损、耐侵蚀、耐气候变化、抗化学剂及酸剂;2004 年南京工业大学材料学院的赵石林、许仲梓教授采用纳米氧化锡锑和氧化铟锡历时 3 年成功研制出"纳米透明隔热涂料",该涂料不但透光性好,而且能有效隔绝太阳热辐射等。

③排气触媒材料。随着中国等发展中国家经济持续增长,全球汽车保有量也逐年攀升,而所衍生的汽车排气污染问题也日益严重,已成为各国政府关注的重要问题。加装触媒转换器,是目前解决汽车排气污染的主要方式。用于汽车排气净化的触媒有许多种,而主流是以贵金属铂、钯、铑作为三元触媒,其对汽车排放废气中的 CO、HC、NO_x 具有很高的触媒转化效率。但贵金属具有资源稀少、取得不易、价格昂贵,易发生 Pb、S、P 中毒,而使触媒失效等特性,因此在保持良好转化效果的前提下,寻找其他高性能触媒材料,部分或全部取代贵金属已成为必然的趋势。

(三)汽车轮胎

轮胎是汽车的重要部件之一,它直接与路面接触,支撑汽车的重量,和汽车悬架共同缓和汽车行驶时所受到的冲击,保证汽车有良好的乘坐舒适性和行驶平顺性并维持汽车行驶的驱动力及附着性,提高汽车的牵引性、制动性和通过性。

1. 轮胎材料组成

现在大多数汽车轮胎材料的主要成分是天然橡胶或者合成橡胶,天然橡胶的综合性能优于合成橡胶,所以高级轮胎多用天然橡胶。为了使橡胶具有制造轮胎所要求的性能,必须要在橡胶中渗入各种不同的化学添加剂。其中添加的一种很重要的添加剂叫炭黑,因为炭具有特别的吸附性,碳粒子与橡胶分子的黏接非常好,使得橡胶增强了硬度、强度和耐磨性。由于炭黑与橡胶基本等量,所以汽车轮胎主要材料实际上是一种橡胶和炭黑的复合材料。

2. 轮胎分类

1) 按结构分类

轮胎按结构分类可分为子午线轮胎、斜交轮胎。

2)按花纹分类

轮胎按花纹分类可分为条形花纹轮胎、横向花纹轮胎、混合花纹轮胎、越野花纹轮胎。

3)按车种分类

轮胎按车种分类,大概可分为8种,即PC——轿车轮胎;LT——轻型载货汽车轮胎;TB——载货汽车及大客车胎;AG——农用车胎;OTR——工程车轮胎;ID——工业用车轮胎;AC——飞机轮胎;MC——摩托车轮胎。

3.轮胎品牌与标志

1)汽车轮胎主要品牌

汽车轮胎的主要品牌如表3-8所示。

汽车轮胎主要品牌　　　　　　　　表3-8

轮胎品牌	品牌属地	国内产地	生产标志标识
米其林	法国	上海、沈阳	米其林轮胎 MICHELIN
邓禄普	英国	江苏常熟、湖南长沙	DUNLOP 邓禄普轮胎
倍耐力	意大利	山东兖州、江苏扬州	倍耐力 PIRELLI
普利司通	日本	辽宁沈阳、天津、广东惠州、江苏无锡	BRIDGESTONE 普利司通轮胎
韩泰	韩国	江苏淮安、浙江嘉兴	HANKOOK 韩泰轮胎
锦湖	韩国	上海、江苏南京、吉林长春、天津	KUMHO TIRES 锦湖轮胎
固特异	美国	长春	GOODYEAR
马牌	德国	合肥	Continental
三角轮胎	中国(山东威海)	山东威海	三角 TRIANGLE
朝阳轮胎	中国(山东潍坊)	山东潍坊	朝阳
玛吉斯	中国(台湾)	台湾	MAXXIS 玛吉斯轮胎

2)轮胎标志

轮胎标志如图3-10所示。

3)轮胎规格

轮胎的规格有很多种表示方式,常见的有4种:英制、德制、公制及美制。

(1)英制规格。英制的规格单位采用英寸,1英寸=25.4mm。如4.00·H·18·4PR,

即表示宽4英寸,H 适用210km/h 以下的速度,轮胎钢圈直径为18英寸,4线层强度。

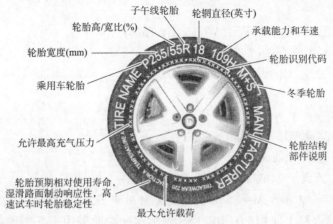

图3-10　轮胎标志

(2)德制规格。德制的规格类似"公制",以毫米为单位表示断面高度和扁平比的百分数,轮胎的内径仍使用英寸,内径的后面还有荷重指数及速度记号。表示如:140(轮胎宽140mm)/70(扁平比70%)－(低胎压)18(内径18英寸)66(荷重指数66)H(速度记号210km/h 以下)。

(3)公制规格。公制的表示法中,对轮胎的特性说明较完整,它与德制的表示法类似,但是取消了"－"低压胎的记号,而以"R"字代替,表示辐射层轮胎。例如,FZR400的后轮即为140/60R18 64H,其中R18 的R 即表示该轮胎为辐射轮胎。

(4)美制规格。美制的轮胎字首表示该轮胎适用车种,第二个字母表示轮胎的宽度,第三个字母表示扁平率,第四个字母为速度记号,最后为适合钢圈的直径。

4)识别方式

[胎宽mm]/[胎厚与胎宽的百分比]R[轮毂直径(英寸)][载重系数][速度标识]或者[胎宽mm]/[胎厚与胎宽的百分比][速度标识]R[轮毂直径(英寸)][载重系数]。

例如,轮胎195/65 R15 85H 或195/65H R15 85表示胎宽为195mm,轮胎断面的扁平比为65% 即胎厚＝126.75mm,126.75/195 × 100%＝65%;轮毂直径为15英寸;载重系数为85;速度系数为H,如图3-11 所示。

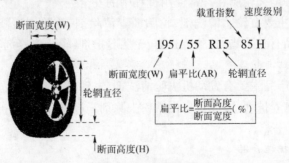

图3-11　轮胎标识的识别

【提示】一般来说,了解[胎宽mm]/[胎厚与胎宽的百分比]R[轮毂直径(英寸)]对更合适的轮胎有帮助,了解轮胎的[载重系数][速度系标识]对行车安全有帮助。

N　140km/h 备用胎(Spare Tires)
P　150km/h
Q　160km/h 雪胎,轻型卡车胎(Winter,LT Tires)
R　170km/h 轻型卡车胎(LT Tires)
S　180km/h
T　190km/h
U　200km/h
H　210km/h 运动型轿车(Sport Sedans)
V　240km/h 跑车(Sports Cars)
Z　240km/b(或大于240km/h)跑车(Sports Cars)

有些车胎后加有 M 和 S,M 和 S 分别是英文 Mud 和 Snow 的缩写,它表示这种轮胎适合于在冰雪和泥泞的道路上使用。TUBELESS 表示这种轮胎采用了无内胎的设计,也就是俗称的"真空胎"。

(四)汽车美容材料

1. 汽车美容洗车产品

汽车美容洗车产品主要是车辆清洗外观类产品,用于清洁车体表面污垢、泥沙等,保持车体清洁干净,是一种日常的汽车养护类产品。

常见的有洗车液、水蜡、洗车香波、预洗液、泥土松弛剂、中性洗车液;专业点的有虫尸鸟屎清除剂、柏油沥青清除剂、车漆铁粉去除剂、漆面油脂脱脂剂等。

2. 玻璃清洗与镀膜产品

视窗玻璃类汽车美容产品的主要作用是清除玻璃表面污垢,保持玻璃表面清洁,减少车辆视线遮挡,保持驾驶员视线。

主要的玻璃类汽车美容产品有:玻璃水、视窗玻璃清洁剂、油膜清除剂、玻璃防雾剂、玻璃研磨粉、玻璃研磨剂、玻璃树胶清除剂等车窗清洁养护类产品。

3. 轮胎清洁与护理产品

汽车轮胎清洁与护理类产品的作用主要是清除轮胎上的污垢,保持轮胎的清洁、美容,延长轮胎的使用寿命,增强轮胎在日常使用过程中的安全性。

轮胎清洁类产品主要有轮胎清洗剂、轮胎沥青清除剂、轮胎划痕修复剂、轮胎泥沙松弛剂等;轮胎养护类产品有轮胎蜡、轮胎上光剂、轮胎养护剂、轮胎保养剂等。

4. 发动机外部清洁与护理产品

发动机清洁护理产品主要有发动机机舱清洗剂、发动机机舱油污清除剂、发动机机舱油污乳化剂、发动机机舱养护剂、发动机表面铁粉去除剂、发动机隔音棉护理剂、发动机机舱上光剂等产品。

5. 塑料件清洁与护理产品

塑料件清洁护理类产品主要是对大型车辆周身的塑料件进行保护,能够有效防止塑料件的老化和无光泽的清洁,主要产品有塑料件清洁剂、塑料件上光剂、塑料件老化层去除剂、塑料件保护镀膜等。

6.漆面镀膜产品

车漆的养护和修复类产品的主要作用是保护车漆,保持漆面干净透亮等。

主要产品有基础处理类产品、抛光剂(粗、中、细)、还原剂、脱脂剂、油膜清除剂等产品;护理类产品主要有树脂类镀膜产品、玻璃纤维类镀膜产品、玻璃质类镀膜产品。

7.车内装饰清洁与护理产品

内饰零件的清洗即对车辆内饰部分进行彻底的清扫。车内装饰清洁与护理主要由高温桑拿(初步除菌和清除异味)、臭氧消毒(详细的除味消毒)和熏香(中和之前步骤产生的一些不好的气味)等几项主要工作构成。

除味类产品主要有竹炭包、防雾剂、光触媒等。

清洁类护理产品主要有汽车内饰清洁剂、内饰养护剂、内饰上光剂、内饰镀膜、真皮养护、真皮镀膜、仪表台清洁剂、仪表台上光剂、桃木养护产品等。

8.汽车美容工具类

汽车美容工具包括洗车机、抛光剂、气泵、抛光盘、还原盘、内饰清洁海绵、车体保护胶带、轮毂清洁刷、轮胎清洁刷、内饰清洁刷、边缝刷、水电气鼓。

9.汽车坐垫

用于保护汽车原有座椅或增强车内环境的美观而添置的座椅垫称为汽车坐垫。市面上的汽车坐垫品种有很多,材质分别有亚麻、冰丝、竹片、玉珠、毛绒、皮革等。

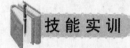

技能实训

(一)任务下达

1.汽车配件分类中汽车配件目录的查阅和编码方法

利用实验室材料,收集10个以上不同类型的配件,找到配件的编码,并查阅配件目录,说明其编号方法。

2.汽车常用材料的正确使用

利用实验室实训或其他方法,查找汽车常用润滑油的正确使用方法,汽车非金属材料在汽车上的使用,汽车美容材料的正确运用。每类产品至少能说出10个以上。

(二)任务实施

以小组形式展开,分工明确,并采用角色扮演法在课堂上展示。同时,注意观察其他组展示情况,并将所见所闻进行记录。

(三)任务评价

(1)通过本任务的学习你认为自己是否已经掌握了相关知识并掌握了基本操作技能。
(2)实训过程每一任务完成情况评价,完成程度。
(3)在完成每次任务的过程中,你和同学之间的协调能力是否得到了提升?
(4)通过本任务的学习,你认为自己在哪些方面还需要深化学习并提升岗位能力?

模块小结

常用汽车配件材料模块的学习主要从汽车配件分类和汽车配件常用材料两个方面进行介绍。汽车配件分类介绍了汽车零部件、汽车标准件和汽车材料等类型的汽车产品,配件目录使用及注意事项,配件编号中不同情况下汽车编码规则等方面内容。汽车配件常用材料介绍了发动机机油、齿轮油、润滑脂、制动液、防冻液、自动变速器油和汽车液压油等汽车常用润滑油,汽车常用金属与非金属材料的性能及在汽车配件上的应用,汽车轮胎的材料组成、分类及轮胎品牌与标志,汽车用汽车美容洗车产品、玻璃清洗与镀膜产品及轮胎清洁与护理等美容材料。

 思考与练习

(一)单项选择题

1. 汽配零件号即 OEM 编号,它代表汽车配件的型号、品种和( )。
   A. 质量　　　　B. 品牌　　　　C. 规格　　　　D. 性能

2. 汽车常用材料包括制造汽车各种零部件用的汽车工程材料,以及汽车在使用过程中需要消耗的燃料和工作液等汽车( )。
   A. 标准材料　　B. 消耗材料　　C. 运行材料　　D. 使用材料

3. 发动机机油的( )受温度的影响较大,所以在使用过程中应考虑其工作环境温度,以便选用适当黏度的品种。
   A. 黏温性　　　B. 黏度　　　　C. 清净分散性　D. 抗氧化安定性

4. 齿轮油要有良好的( )是指汽车齿轮油的工作温度变化很大,冬季冷起动时,温度可在0℃以下,要求汽车齿轮油的黏度不超过150Pa·s。
   A. 黏温性　　　B. 黏度　　　　C. 清净分散性　D. 抗氧化安定性

5. ( )主要有汽车内饰清洁剂、内饰养护剂、内饰上光剂、内饰镀膜、真皮养护、真皮镀膜、仪表台清洁剂、仪表台上光剂、桃木养护产品等。
   A. 除味类产品　　　　　　　B. 清洁类护理产品
   C. 漆面镀膜产品　　　　　　D. 汽车美容洗车产品

(二)判断题

1. 通常把汽车零部件、汽车易损件和汽车材料3种类型的汽车产品统称为汽车配件。( )
2. 目前国内配件按照统一的方法编制。( )
3. 汽车运行材料主要包括燃料、车用润滑油、汽车工作液、轮胎等。( )
4. 在制动液规格中,要求橡胶皮碗在制动液中,分别进行70℃、120h和120℃、70h的橡胶溶胀试验。( )
5. 在我国,汽车工业每年所用的钢铁材料占钢铁年产量的10%左右。( )

(三)简答题

1. 动汽车的组成与传统燃油汽车相比有哪些变化?

2.新的汽车零部件统一编码的原则有哪些?
3.使用机油注意事项有哪些?
4.复合材料的性能特点是什么?

思考与练习答案

(一)单项选择题

1. C 2. C 3. B 4. A 5. B

(二)判断题

1. × 2. × 3. √ 4. √ 5. √

(三)简答题

略。

模块四　汽车配件日常进货管理

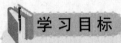

1. 掌握汽车配件进货的原则和方法；
2. 了解订单的种类，会制定汽车配件订货计划表；
3. 掌握汽车配件运输特点，能对汽车配件进行正确的验收。

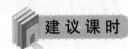

10 课时。

汽车配件的进货管理是一件复杂而重要的工作，它涉及企业的生存问题。进货的目的，一是为了满足企业生产和产品质量需要；二是要科学地确定进货数量，防止超量进货和少量进货。

一、汽车配件进货

（一）订单的种类

日常进货是采购人员根据确定的供应协议和条款，以及企业的物料需求时间计划，以采购订单的形式向供应方发出需求信息，并安排和跟踪整个物流过程，确保物料按时到达企业，以支撑企业正常运营的过程。

1. 进货方式

汽车配件销售企业在组织进货时，要根据企业的类型、各类汽车配件的进货渠道以及汽车配件的不同特点，利用不同的进货方式，合理安排组织进货。通常企业可以采用以下进货方式：

（1）集中进货。企业设置专门机构或专门采购人员统一进货，然后分配给各销售部（组、分公司）销售。集中进货可以避免人力、物力的分散。还可加大进货量以受到供货方重视，并可根据批量差价降低进货价格，也可节省其他进货费用。

（2）分散进货。由配件销售部（组、分公司）自设进货人员，在核定的资金范围内自行采购。

（3）集中进货与分散进货相结合。一般是外埠采购及其他非固定进货关系的一次性采购,方法是由各销售部(组、分公司)提出采购计划,由业务部门汇总审核后集中采购。

(4)联购合销。由几个配件零售企业联合派出人员,统一向生产企业或批发企业进货,然后由这些零售企业分销。此类型多适合小型零售企业之间或中型零售企业代小型零售企业。这样能够相互协作,节省人力,凑零为整,拆整分销,并有利于组织运输,降低进货费用。

2. 进货原则

企业进货要遵循效益最大化原则。在适当的时候以适当的价格从适当的供应商处买回所需数量商品。采购必须要围绕"价""质""量""地""时"等基本要素来展开工作。

汽车配件在组织进货时,还应注意掌握以下原则。

(1)要贯彻"五进、四不进、三坚持"的原则。"五进"即所进配件要符合"优、廉、新、缺、特"。"四不进"指凡属下列情况之一者,均不符合进货要求:一是进货成本加上费用、税金后,价格高于本地零售价的不进;二是倒流的配件不进;三是搭配配件、质次价高或滞销而大量积压的配件不进;四是本地批发企业同时向同地大批量购进的配件不进。"三坚持"即坚持看样选购,坚持签订购销合同,坚持验收后支付货款的原则。

(2)合理库存的原则。即只能限于确保供应和满足需要的程度上,任何过多的库存只能增加成本和市场风险,销售缺货又会给企业自身带来经济损失。

3. 订单种类

配件订货过程实质上是在满足一定时间内用户需求的同时,对库存配件进行不断的调整,以求得最经济合理的库存结构。库存的存在是对资源和资金的占用,然而为了有效防止或缓解供需矛盾,库存又必须存在,配件订货的目的就是追求"良性库存"。实现良性库存的关键在于依据零件的流通等级确定好库存的深度(库存数量)和宽度(库存品种)。

1)配件流通等级

汽车配件的流通等级是指汽车配件在流通过程中周转速度的快慢程度。根据汽车配件寿命周期长短可以把它们分为快流件(A类件)、中流件(B类件)、慢流件(C类件)三大类,也有些公司分得更细一些,有五、六类甚至达十类之多。

根据汽车制造商、汽车配件经销商的统计结果表明,占零件总数仅10%的快流件(A类件)的销售收入占销售总额的70%,占零件总数20%的中流件(B类件)的销售收入仅占销售总额的20%,而占零件总数70%的慢流件(C类件)的销售收入只占总销售额的10%,配件流通等级与销售额之间的关系如图4-1所示。

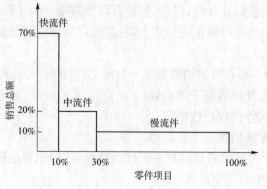

图4-1 配件流通等级与销售额之间的关系

配件的流通级别不是一成不变的,快流件可能会变成中流件,甚至变成慢流件;而中流件和慢流件在一定时期内可能变成快流件。影响和决定配件流通级别的因素是多方面的,主要有车辆投放市场的使用周期;制造、设计上的问题;材料选择不当、设计不合理、使用不合理;燃油、机油选择不当或油质有问题;道路状况;季节性的影响因素等。因此在配件订货时我们要充分考虑零件流通等级的影响,科学制定订货计划。

2) 订单种类

从汽车制造厂家配件技术部门设立一个零件编号开始直至该配件停止供应为止,每一个配件都有其特定的生命周期。配件的订货周期包括三个主要阶段:新配件订货、正常件订货和停产件订货。在这三个不同时期,市场对配件的需求与市场车辆保有量呈相似的曲线,如图4-2所示。因而,配件订单的种类有以下几种:

(1) 新配件的订货。一般来说,本区域内有新车型投放或现有车型有技术更改时会产生新配件,这时应保证新配件有合理的库存。

对配件订货而言,初期投放的配件应予以特别重视,应从技术角度确定一个适中的数量,尽量避免"新配件死库存"。与之相反的情况,如果在投放期备货不足,将会直接导致市场上维修配件缺件,因此在新配件投放时,往往找出一种与该配件相似的零件作为参考,分析其销售历史、销售特点,确定一个合适的订货数量并在以后的销售过程中跟踪变化情况。

(2) 正常件的订货。正常件是指配件已经有6个月以上的销售历史,且已具有一定销售规律的配件。

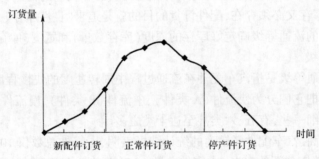

图 4-2 一个配件的生命周期

正常件因其具有一定的销售规律,可将配件的销售历史和根据销售历史绘制的销售趋势图(专指重点零件)重点作为配件订货工作的重要参考依据,可以利用计算机对这些数据进行处理,根据订货规则模拟计算向订货人员推荐订货数量。为了跟踪销售曲线,预测需求的变化情况,我们引入一个可以修正的订货上限:调整订货意向的系数——趋向系数。趋向系数公式如下:

$$Q = \text{前6月的销售数量} \times 2 / \text{前12月的销售数量} \qquad (4-1)$$

式中:$Q<1$——说明该配件销售呈下降趋势;

$Q=1$——说明该配件销售趋势稳定;

$Q>1$——说明该配件销售呈上升趋势。

该系数适用于12个月的销售量的所有配件,特殊形式的销售应排除在外,如促销配件、积压件、保用件等,以免影响趋向系数。

非季节性配件应以前3个月的销售历史平均数作为本月订货的主要依据,如果该车型的本地区保有量在不断增加,该月订货数量可适当扩量。

季节性配件(夏季件,冬季件)应提前一个时间段进行储备,即在销售旺季开始前半个月建立库存储备,储备数量应参考上一年度该季节的销售及本地区当年整车保有量情况。

(3)停产件的订货。停产的车型因会慢慢在维修市场被淘汰,所以停产车型的配件储备应予以特别重视。

①对于某类车型的常用件、易损件应根据本区域该类车型的保有量逐步降低订货数量,直至取消订货。

②对这类车型的不常用件,订货时应特别注意,以免造成积压,成为"停产件死库存"。

③另外,建议各网点对库内的滞销件、死库存件通过计算机系统建立翔实的信息库,可以利用地区之间的差异进行融货调剂,或在生产总公司的指导下,统一减价,促进销售。

(4)紧急订货。对于配件市场上的冷件,事故车急需件,通常采用紧急订货形式。紧急订单有品种和数量限制,常用易损件不予执行紧急订单,外观覆盖件应保证库存并及时补充,原则上不予紧急订货。由于对交货周期的要求不同,配件中心仓库对正常订单和紧急订单的运输方式不一样,因此对这种订单采取不同的价格进行结算,紧急订单通常给予5%的加价处理,月订单按正常价格执行。

(二)配件订货计划制定

编制订货计划,必须了解各种配件的库存与销售情况,分析销售历史,包括隐形销售、销售趋势,并结合库存状态做出订货计划。订货计划按时间分为年度、半年、季度和月计划四种,一般以季度为主。订货计划在经过审批后按订货日历发出。配件订货计划的构成:配件品种(库存宽度)、配件数量(库存深度)。

1.订货计划前的准备

在制定配件订货计划之前,配件订货人员应充分了解以下信息:

(1)本店经营影响区域内的品牌车辆的市场占有情况,其信息主要来源于外部媒体,内部资料。

(2)本店销售部门的销售能力、销售特点和销售趋势。

(3)本店售后维修客户的实际保有量、客户流失率、车型分布、使用年限和行驶公里数、维修技术特点。

(4)了解汽车厂家服务配件部最新的维修技术要求。

(5)掌握本店的配件库存结构、配件销售历史、销售趋势。

(6)是否为新配件、停产件。

(7)是否为常用件、易损件;是否具有季节性特点;当月是否有促销活动。

(8)配件的质量信息。

(9)配件是否有替换件。

(10)是否为缺件。注意在 DMS 系统上查询短缺配件,正常订单的缺件是网点的潜在库存,订货时要加以考虑,避免重复订货。

(11)配件的供货周期及交货时间、交货品种、交货数量误差。

(12)节、假日的供货影响等。

2. 库存配件品种的确定

如果按平均需求量进货,则将会出现如图4-3所示的问题。

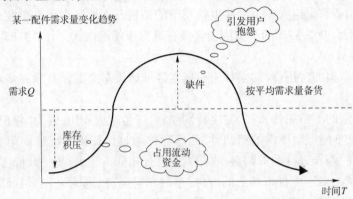

图4-3　按平均需求量进货的缺点

车辆投放市场一般使用寿命10年,前2～3年配件更换少,中间4～5年是配件更换高峰期,最后1～2年配件更换又逐渐减少,变化过程如图4-4所示,相应的库存应对方案如图4-5所示。

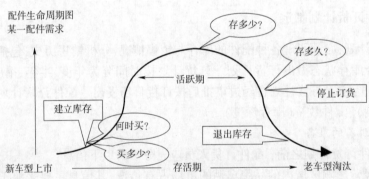

图4-4　汽车配件需求变化过程

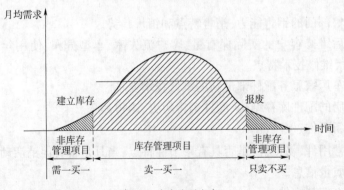

图4-5　库存应对方案

不同状态的配件项目应采取不同的零件管理原则:配件在增长期的项目属非库存管理项目,应采取需一买一的原则;配件在平稳期的项目属库存管理项目,应采取卖一买一的原则;配件在衰退期的项目属非库存管理项目,应采取只卖不买的原则,这样才能在保证最大配件供应率的同时,降低库存金额。

其中,管理库存品种的核心工作就是要确定"建立库存"和"报废"的时点。建立库存指伴随新车型的上市,原非库存配件开始进行库存管理的时点;报废指伴随老车型逐渐从市场中淘汰掉,原库存配件不再进行库存管理的时点。即这两点内的零件项目就是我们需要进行库存管理的项目,这两点外的项目就是我们不需要库存管理的项目。为此要制定相应的 Phase-in(建库配件)和 Phase-out(呆滞配件)管理,各经销店可以通过从配件需求历史记录中统计出来的月均需求(MAD)和需求频度,发现配件需求的规律,从而确定需要库存的配件范围,如表 4-1 所示。

配件需求的规律 表 4-1

配件状态	增长期			平稳期	衰退期	
月均需求	少	较多	较多	多	少(短期)	少(长期)
需求频度	低	低	较高	高	低(短期)	低(长期)
库存状态	不库存	不一定	建立库存	库存管理	"停止库存试验"	

3. 配件订货数量的确定

要确定配件订货的数量,首先应建立目标库存、实际库存、安全库存的概念。

目标库存:目标库存是指从满足用户需求的角度出发建立的一种无论在任何时候,用户的任何需求都能满足的库存状态。

实际库存:实际库存是指在某一时间段仓库实际库存的数量。

安全库存:安全库存实质上是一种最低库存,即在正常订货到达仓库时必须保证的库存数量,否则就会缺件。

1) 安全库存的计算

影响安全库存的因素有两个:需求变化,到货周期的波动。

因此,要分别计算需求变化的安全库存及到货周期的安全库存,然后相加就可得出一种配件的准确安全库存。

$$安全库存(需求的波动) = \frac{最大需求 \times 覆盖率 - 月平均需求量}{月平均需求量} \quad (4-2)$$

$$安全库存(到货时间的波动) = \frac{最大到货时间 \times 覆盖率 - 平均到货时间}{30 \, 平均到货天数} \quad (4-3)$$

安全库存 = (需求波动的影响 + 到货周期波动的影响) × 月平均需求量 (4-4)

上述公式的覆盖率是指覆盖波动量的范围。

举例说明,某配件月平均需求量是 5 个,但历史最大的需求量是 10 个,我们没有必要满足所有的异常需求,只需满足大部分的需求量变化即可,例如,设定为 80%,80% 就是覆盖率。

同样道理,到货时间也会有波动,最长到货时间可能会比平均到货时间长很多,但没有必要按照最长到货时间计算安全库存,设定一个合理覆盖率,按照覆盖率计算安全库存时间即可。

【例1】某配件月销售量情况如表 4-2 所示。

某配件月销售量情况调查表　　　　　　　　　　　　　表4-2

N	N-1	N-2	N-3	N-4	N-5	合　　计
25	11	18	22	13	19	108

注：$N=$当前月，月平均需求量 $=108/6=18$。

最长到货时间20天，平均到货时间9天，要求覆盖率80%，则安全库存计算如下：

$$需求波动的影响 = (25 \times 80\% - 18)/18 = 0.1111$$

$$到货周期波动的影响 = (20 \times 80\% - 9)/(9 \times 30) = 0.0259$$

$$安全库存 = (0.1111 + 0.0259) \times 18 = 2.4$$

2）月订货需求的计算

以正常配件订货为例，根据目前企业的实际情况，考虑订货周期、到货周期、安全库存周期（由于需求的变化、到货周期的波动，应该建立库存），建议配件的库存储备应维持2个月的销量。所以，月订货需求的计算公式如下：

$$建议月度订货 = 月均销量 \times 2 - 实际库存 - 在途数量 - 欠拨数量 \qquad (4-5)$$

公式中的实际库存，为考虑订货周期、到货周期和安全库存，必须进行补充订货的配件仓库库存数量的临界数量，也称为再订货点。影响再订货点的因素：配件的月度平均销量、配件订货周期、配件到货周期、配件库存周期。

再订货点计算公式：

$$月度平均销量 \times (平均订货周期 + 平均到货周期 + 安全库存周期)/30 \qquad (4-6)$$

注：再订货点作为参考数据有一定的时效性，请定期进行计算和调整（建议按照季度进行计算调整）。

【例2】某配件月销售量情况如表4-3所示。

某配件月销售量情况调查表　　　　　　　　　　　　　表4-3

N	N-1	N-2	N-3	N-4	N-5	合　　计
25	11	18	22	13	19	108

注：$N=$当前月，月平均需求量 $=108/6=18$。

平均订货周期7天，平均到货时间9天，安全库存周期2天，再订货点计算如下：

$$再订货点 = 18 \times (7 + 9 + 2)/30 = 10.8$$

当该配件的库存数量下降至11个，则要考虑订货。

如果没有在途数量和欠拨数量，则：

$$建议订货数量 = 18 \times 2 - 11 = 25$$

4. 配件订货计划表编制

汽车配件订货计划见表4-4。

某汽车配件商店配件订货计划表　　　　　　　　　　　表4-4

部（组）别：　　　　　　　　　年　　月　　日　　　　　　　金额单位：元

品　名	编　号	产　地	单　位	单　价	订货数量	合计金额	备　注

部（组）主任：　　　　　　　　　　　　　　　　　计划员：

计划表编制时应注意如下事项。

1)注意季节性强的配件和促销配件的订货计划

部分配件销售具有很强的季节性,如夏季空调系统的配件、橡胶密封件销量大,冬季暖风系统、制动系统的配件销量大,在北方由于冰雪较多,容易发生事故,外覆盖件相对需求较多;在某一段时间促销某些配件时,其销量也会有明显的上升。因此对这些配件的订货卡片都应做出标记,提前做好订货准备。在销量旺季开始之前配件入库,所以对这类配件的订货时间表为:

旺销月份 = 入库准备 + 到货周期

2)配件库存盘点报表的利用

配件订购的另一项重要工作是提出积压件、滞销件或销售下滑配件的处理方案,制订这个方案的主要依据是年终的库存盘点报表。

事实上,盘点报表不仅仅是一份库存数量与金额的统计表,应该加以认真分析,以便于提高经营质量和用户服务质量。

我们看一下下面的库存状况:

库存量≤12个月的销售量/2　　　正常状态
库存量>12个月的销售量/2　　　非正常状态
1年无销售历史　　　　　　　　积压库存
2年无销售历史　　　　　　　　死库存

应该强调的是:当某个货位的配件销售不出去,假如是因为技术变更不能销售的原因,或者与销量相比积压量很大(比如,某个配件几年来销量为1,而库存达到300个),则可以建议提前报废。

在上述情况下,可保留10个做库存,其余290个建议报废。

也可以建立各销售点的滞销件、死库存信息库,利用地区之间的差距,利用新、老配件的差异,通过统一的减价措施进行调剂,以促进配件销售。

3)积极推行配件订货计算机及数据库管理

由于轿车配件编号多、更新快,订货管理工作十分复杂,因此我们要积极将计算机应用于配件订货管理,特别是数据库管理。建立起配件订货数据库以后,我们可以很方便地处理数据,统计配件订货、库存、出库数量,迅速了解某一种配件的库存与销售情况,也可以很快地根据订货公式计算出配件需求推荐数量,然后根据综合因素确定订货数量。

二、汽车配件运输与验收

(一)配件运输

1. 汽车配件的物流配送运输方式及其特点

物流配送运输方式主要有铁路运输、水路运输、公路运输、航空运输等,这些运输方式各有其特点和适用条件。

1)铁路运输

铁路运输的特点是:货运量大;速度快;不受气候和季节影响,连续性强;我国的铁路运输费用一般高于海运,比长江上游或其他内河要低。基于上述特点,铁路运输工具适于担负远距离的大宗汽车配件运输。它与水路干线和各种短途运输工具相衔接,可以把全国各地区和边疆连成一个整体。

2)水路运输

水路运输特点:载运量大;耗能较少;建设投资省,不占农田;运行持续性强,具有一定的灵活性。基于上述特点,对于价值低、体积小的汽车配件采用水路运输较为便宜。如有条件与陆运联合,采取水陆联运形式,适宜运送大宗汽车配件和进行长距离运输。

3)公路运输

公路运输特点:机动灵活、迅速,便于门到门运输;易于衔接铁路和水路运输,疏通汽车配件流通渠道;装运量小,燃料消耗大。基于上述特点,公路运输以承担短途汽车配件运输为主。

4)航空运输

航空运输特点:运输速度最快;装运量小,营运成本高,运价也高。基于上述特点,航空运输只适于远距离运送急需、贵重、时效性较强的汽车配件。

运输方式的选择是一件较为复杂的工作,没有固定的模式。在实际工作中一般是在考虑安全的前提下,从运输速度和运价两方面衡量,在运输时间能够满足要求的情况下,往往采用费用支出较低的运输方式。在当前,我国各地区、各城市之间的配件运输,大多采用铁路运输方式,而在同一城市各企业之间则大多采用汽车运输方式。

2. 汽车配件运输包装标志

汽车配件运输包装标志是指在运输包装外部制作的特定记号或说明。其主要作用有:一是识别货物,便于对货物的收发管理;二是明示物流中应采取的防护措施;三是识别危险货物,明示应采用的防护措施,以保证物流安全。

汽车配件运输包装标志按其内容和作用,分为两类:一为储运图示标志;二为收发货标志,或叫包装识别标志。

运输包装标志也可按表示形式,分为文字标志和图形标志两类。文字、符号、图形都有标准规定。

1)包装储运图示标志

包装储运标志是根据汽车配件的某些特性(如怕热、怕振、怕湿、怕冻等)而确定的标志,在外包装上用图像、文字表明的规定记号。它包括包装指示标志和危险品标志。其目的是为了在汽车配件运输、装卸和储存过程中,引起作业人员的注意。包装储运图示标志如图4-6所示。危险货物包装标志如图4-7所示。

在使用包装储运图示标志时,粘贴标志要注意位置。

箱状包装应贴在包装两端或两侧的明显处;袋捆包装应贴在包装明显的一面;桶形包装应贴在桶盖或桶身明显处。对涂打的标志,可用涂料、油墨或墨汁,以镂模、印刷等方式,按上述粘贴的位置涂打或者书写。对钉附的标志,应用涂打有标志的金属板或木板,钉在包装的两端或两侧明显处。对于"由此吊起"和"重心点"两种标志,要粘贴、涂打或钉附在货物外包装的实际位置。标志的文字书写应与底边平行。粘贴的标志应保证在货物储运期间内不脱落。

图 4-6 包装储运图示标志

图 4-7 危险货物包装标志

2）运输包装收发货标志

运输包装收发货标志是外包装上的汽车配件分类图示标志及其他标志和其他文字说明排列格式的总称，是为在物流过程中辨认货物而采用的。它对收发货、入库以及装车配船等环节管理起着特别重要的作用。

运输包装收发货标志，包括分类标志、供货号、货号、品名规格、数量、重量、生产日期、有效期限、生产厂名、体积、收货地点和单位、发货单位、运输号码、发运件数等。

3．汽车配件运输货损货差处理

汽车配件在运输中有时会发生错发、混装、漏装、丢失、损坏、受潮、污损等差错事故。差错事故的发生，一般是由于发货单位或承运单位工作责任心不强所致。除了不可抗拒的自然灾害或配件本身性质引起的损失外，所有差错均应向责任单位提出索赔。

1）责任划分

（1）责任划分的必要性。运输是由发货单位、收货单位（或中转单位）和承运单位共同协作来完成货物从发货单位到收货单位的运输，而三方面都有各自的职责范围，都存在各自独立的经济利益。只有划清三方面的责任界限，才能确保各方分工的工作质量。当发生事故时，由责任方承担经济赔偿。

（2）责任划分的原则。责任划分的一般原则是：

①货物在交给运输部门前和承运前发生的损失和由于发货单位工作差错、处理不当发生的损失，由发货单位负责。

②从接收中转发货物起，到交通运输部门转运时止，所发生的损失和由于中转单位工作问题发生的损失，由中转单位负责。

③货物运到收货地，收货单位与交通运输部门办好交接手续后，发生的损失或由于收货单位工作问题发生的损失，由收货单位负责。

④自承运货物时起（承运前保管的货物，车站、港从接收货物时起），至货物交付给收货单位或依照规定移交其他单位时止，发生的损失，由承运单位负责。但由于自然灾害，货物本身性质和发、收、中转单位的责任造成的损失，承运单位不予负责。

2）一般货损货差的处理

货物在运输中，由于各种原因造成货物的短缺、破损、受潮以及其他差错事故，不管责任属于哪一方，都应保护现场，做好事故记录，划清责任界限，并以此作为事故处理和索赔的依据。处理运输事故，有关各方应本着实事求是，客观反映真实情况、互相协作的精神，认真、妥善地处理好各类运输事故。

（1）运输索赔手续。

索赔一般是向到站（港）提出，但确属发站（港）的责任事故，如发站（港）装车（船）前负责保管的汽车配件发生丢失、损坏等，要通过到达的车站或港口，向发站（港）提出。

要求索赔时，应先向到站（港）索取赔偿要求书，赔偿要求书填写后，应连同货运记录、货物运单和其他有关货票、汽车配件价格证件等，在铁路、交通运输部门所规定的索赔期限内送交到站（港）的管理部门；同时取回赔偿要求书的收据，等待承运部门赔偿的通知；当承运部门承认赔偿后，也必须在规定的期限内，及时前往领取赔偿款项。

(2)查询。

收货单位或中转单位,发现运到的汽车配件有短溢、串错、损坏及单货不符、单货不同步等情况,除已判明属于承运部门的责任,应该就地编制货运记录提出索赔外,如果属于企业之间的责任事故,则应向发货单位进行查询,以便查明原因,判明责任。

查询一般用查询公函(有些单位用"差错查询单")。查询函件一般应在收货后的10天内发出。查询函件的主要内容应包括发运日期、发站(港)、到站(港)、车号(船名)、批次(航次)、应收件数、实收件数、溢短件数、品名、重量、汽车配件残损、错串情况以及卸车(船)时的现场详细情况和向铁路、交通运输部门交涉的经过等。同时,要附上必要的证件,如承运部门的记录,货物标签及装箱单等有关资料,供对方作为分析处理的依据。

经过中转的汽车配件,收货单位应先向中转单位查询,经中转单位查明如果属于发货单位责任的,则由中转单位向发货单位进行查询,如果经过多次转运,则应该层层追查,不要超越环节查询,以免纠缠不清。

(二)配件收货

汽车配件采购员在确定了进货渠道及货源,并签订了购货合同书之后,在约定的时间、地点对配件的名称、规格、型号、数量、质量等进行检验无误后,方可收货。

1. 汽车配件验收的依据

1)验收凭证依据

验收凭证指的是由供应商开具的发票附件"汽车配件销售清单"或者"发货清单""装箱清单"等(或者产品入库单、收料单、调拨单、退货通知单等)。验收凭证上应有配件名称、型号、规格、零件号码、生产厂家、单位、数量等足以反映待入库配件准确信息的内容。凭以上各项信息对配件进行实物核对验收。

2)合同依据

维修企业和供应商签有"采购合同"的配件产品,在入库验收时,合同上对配件产品规格、质量等方面的约定也是入库验收的依据。

3)法律法规依据以及企业制定的验收规范依据

《产品质量法》《标准化法》《计量法》等是配件入库验收的法律依据。不同汽车配件的产品质量标准、包装标准、检验标准是入库验收的依据。入库时要根据国家对产品质量要求的标准进行验收。

有的维修企业针对不同汽车配件品种的特点制定了一些入库验收规范(当然这些规范要符合科学、公平、合理的原则),这个也应该作为验收入库工作的依据。

2. 汽车配件验收的基本要求

1)及时

配件到货后,要及时开箱验收。配件验收及时,就可以尽快建卡、立账、销售,这样就可以减少配件在库的停留时间,缩短其流转周期,加速企业的资金周转,提高企业经济效益。

2)准确

配件入库时应根据入库单所列内容与实物逐项核对,同时要对配件外观和包装认真检查。入库验收要坚持"五不入"原则:发现品名不符不入;规格不符不入;质量不符不入;数量不符不入;超储备库存不入。要随时填写验收记录,不合格品由配件主管进行处理,及时填写来货记录。

如果发现有渗漏、变色、玷污和包装破损、潮湿等异状的汽车配件,要查清原因,做出记录,及时处理,以免扩大损失。要严格实行一货一单制,按单收货、单货同行,防止无单进仓。

3. 汽车配件验收流程

图4-8为汽车配件验收流程。

图4-8 汽车配件验收流程

1)验收准备

首先需要熟悉收受凭证及相关订货的资料;准备并校验相应的验收工具,如磅秤、量尺、卡尺等,保证计量准确;准备堆码、搬运用的搬运设备、工具以及材料;配备足够的人力,根据到货产品数量及保管要求,确定产品的存放地点和保管方法等。

2)核对资料

入库产品应具备下列资料:

(1)主管部门提供的产品入库通知单;

(2)发货单位提供的产品质量证明资料;

(3)发货明细表、装箱单;

(4)承运部门提供的运单及证明其承运资质的必要证件。

仓库须对上述资料进行整理和核对,准确无误后方可进行实物检验。

3)实物检验

包括对产品数量和产品质量两个方面的检验。

(1)数量检验。数量检验是查对到货产品的名称、规格、型号、件数等是否与入库通知单、运单、发货明细表一致。在验收时,验收方应采取与供货方一致的计量方法,如供货方按重量供货,应以公斤为单位进行验收;供货方按件数供货,则应清点件数;供货方按长度换算供货,应以尺计量换算。

(2)质量检验。质量检验包括对产品的包装状况、外观质量和内在质量的检验。一般仓库只负责包装和外观质量的检验,通过验看外形判断产品质量状况。需要进行技术检验确定产品质量的,则应通知企业技术部门或者取样送请专业检验部门检验。

4)验收记录

产品验收结果应当即时作出验收记录。验收记录内容主要包括产品名称、规格、供货单位、出厂日期(或批号)、运单号、到达日期、验收完毕日期、应收数量、实收数量、抽查数量、质量情况等。凡遇数量短缺或包装破损的,应注明短缺数量及残损程度,并进行原因分析,附承运部门的现场验收签证或照片,应及时与供货单位交涉,或报上级管理部门处理。处理期间,产品应另行存放,不得与合格产品混存,更不得发放使用,但仍须妥善保管。

4. 汽车配件验收方法

1)目测法

主要适用于缺少完备检测手段的汽车配件经销企业,而且只适用于机械、橡胶、塑料类的汽车配件产品,一般也不用于汽车电子产品。目测法能够识别的是产品表面质量,表面处理工艺,比如电镀工艺、油漆工艺、热处理工艺、包装工艺等。

(1)汽车配件油漆。采用先进工艺生产出的零部件表面,与采用陈旧落后工艺生产出的零部件表面有很大差异。目测时可以看出,前者表面细腻,有光泽,色质鲜明;而后者则色泽暗淡,无光亮,表面有气泡和"拖鼻涕"现象,用手抚摸有砂粒感觉,相比之下,真假非常分明。油漆工艺质量检验见图4-9。

(2)镀锌和电镀。汽车零件的表面处理,镀锌工艺占的比重较大,一般零件的铸铁件和可锻铸铁件、铸钢件及冷热板材冲压件,大都在表面采用镀锌。产品不过关的镀锌,表面往往是白一块、红一块、黄一块交错混合在一起,一致性很差。镀锌工艺技术过关的,则是表面金光闪闪,全部表面一致性好,批量之间一致性也没有变化,有持续稳定性。关于电镀的其他方面,如镀黑、镶黄等,大工厂在镀前处理用的除锈酸洗比较严格,清酸比较彻底。这些工艺要看其是否有泛底现象。镀铝、镀铬、镀镍可看其镀层、镀量和镀面是否均匀,以此来分辨真伪优劣,见图4-10。

图4-9 油漆工艺质量检验

图4-10 镀锌技术和电镀工艺

(3)电焊。在汽车配件中,减振器、钢圈、前后桥、大梁、车身等均有电焊焊接工序。大汽车厂专业化程度很高的配套厂,它们的电焊工艺技术大都采用自动化焊接,它能定量、定温、定速,有的还使用低温焊接法等先进工艺。产品焊缝整齐,厚度均匀,表面无波纹形,直线性好,即使是定位焊,焊点、焊距也很规则,对此再好的手工操作也无法做到,见图4-11。

(4)表面热处理。一般工厂要配备一套高频感应加热淬火成套设备,其中包括硬度、金相分析测试仪器、仪表的配套,它的难度高,投入资金多,还要具备供、输、变电设备条件,它的电源是3万伏以上,小工厂、手工作坊是无能为力的。

汽车配件产品经过精加工以后,才进行高频感应加热淬火处理,因此淬火后各种颜色都原封不动地留在产品上。如汽车万向节内、外球笼经淬火后,就有明显的黑色、青色、黄色和白色,白色面是受摩擦面,因此硬度也是最高的面。在目测时,凡是全黑色和无色的,肯定不是高频感应加热淬火,见图4-12。

图4-11 电焊工艺

(5)橡胶制品。汽车上使用的橡胶件,均有特殊的要求,它要求耐高温、耐油、耐压、复原性好等。橡胶件使用的原料是一种氨醇的配方,它的原料成本比一般橡胶原料高出许多,而且这种氨醇在制造橡胶配件时,对模具具有强烈的腐蚀作用,模具损耗很大。在鉴别橡胶件的质量好与坏时,与鉴别机械金属配件不相同的是,橡胶件表面乌黑光亮的不一定是好产品。要了解生产厂家的生产过程,并在实际应用中观察辨别,见图4-13。

图4-12　表面热处理工艺

图4-13　橡胶制品

（6）汽车配件非使用面的表面伤痕。从对汽车配件非使用表面伤痕的分析,可以分辨正规生产厂产品和非正规生产厂产品、管理现代化的企业与生产混乱企业间的区别。表面伤痕若是在中间工艺环节上,则是由于产品工艺过程中互相碰撞留下的。优质的产品是靠先进的科学管理,特别是先进的工艺技术制造出来的。生产一个零件要经过几十道工序甚至上百道工序,而每道工序都要配备工艺装备,其中包括工序运输设备和工序安放的工位器具。高质量的产品是由很高的工艺装备系数作保障的,所以高水平工厂的产品是不可能在中间工艺过程中互相碰撞的。由此推断,凡在产品非接触面留下伤痕的产品,肯定是小厂、小作坊生产的劣质产品。

（7）看表面包装和表面商标。汽车零配件是互换性很强、精度很高的产品,为了能较长时间存放,不变质、不锈蚀,需在产品出厂前用低度酸性油脂涂抹。正规的生产厂家,对包装纸盒的要求十分严格,要求其无酸性物质,不产生化学反应。有的采用硬质透明塑料抽真空包装。考究的包装能提高产品的附加值和身价。箱、盒大都采用防伪标记,常用的有激光、条码、暗印等,在采购配件商品时,这些很重要。要认真查看其商标、厂名、厂址、等级和防伪标记是否真实。因为对有短期行为的仿冒制假者来说,防伪标志的制作也不是一件容易的事,需要一笔不小的支出。另外,在商标制作上,正规的厂商在零配件表面有硬印和化学印记,注明零件编号、型号、出厂日期,一般采用自动打印,字母排列整齐、字迹清楚,小厂、小作坊一般是做不到的。

2) 简单技术手段鉴别法

对于技术性强,一些从表面处理上无法确定质量状况的产品,需要由专职技术人员用仪器进行测定。可以利用一些简单的计量工具,标准的产品样件,从产品的表面硬度是否合格、几何尺寸是否变形、总成部件是否缺件、转动部件是否灵活、装配标记是否清晰、铰接零件是否松动、配合表面有无磨损等方面通过测量、敲击、对比等方式确定产品质量。

如汽车上部分壳体、盘形零件有无裂纹,用铆钉连接的零件有无松动,轴承合金与底板结合是否紧密,都可用敲击听音的方法进行检验。用小锤轻击零件,发出清脆的金属响声,说明技术状况是好的;如发出的声音沙哑,则可判定零件有裂纹、松动或结合不紧密。

3）试验法

适用于单件产品价值高、产品技术含量高和产品质量要求高的汽车配件。需要利用专用的检测试验设备进行产品性能测试。如浸油锤击检验法，这是一种探测隐蔽缺陷的简便方法。检验时，先将零件浸入煤油或柴油中片刻，取出后将表面擦干，撒上一层白粉，然后用小铁锤轻轻敲击零件的非工作面。零件有裂纹时，由于振动，浸入裂纹的煤油（柴油）渗出，使裂纹处的白粉呈黄色线痕。根据线痕即可判断裂纹位置。又如，磁力探伤检验法只能检验钢铁件裂纹等缺陷的部位和大小，检验不出深度。此外，由于有色金属件、硬质合金件等不受磁化，故不能应用磁力探伤。

4）常见的假冒伪劣汽车配件的危害与鉴别

近几年来，在利益驱使下，各种假冒伪劣汽车配件充斥市场。假冒的汽车配件与正宗的商品虽然在外观上相差不大，但内在质量和性能悬殊，车辆装用假冒伪劣配件后会给车主造成极大的损失，轻者返工复修造成经济损失；重则危及行车安全，甚至造成交通事故。比如，有些机油的质量不过关，只会损坏发动机，使其使用期限降低，但如果制动摩擦片、油管造假，就不仅是汽车性能方面受到影响，严重的甚至会导致重大交通事故。据公安部交通管理局统计，最近几年全国每年发生的交通事故都在 30 万起以上。其中，有三成是制动失灵造成的，而劣质制动摩擦片又是造成制动失灵的主要原因。了解一些常见的假冒伪劣汽车配件的危害与鉴别，对配件管理人员而言是非常必要的，常见的假冒伪劣汽车配件的危害与鉴别如表 4-5 所示。

常见的假冒伪劣汽车配件的危害与鉴别　　　　表 4-5

配件名称	纯正件特征	假冒件特征	使用假冒件危害
燃油滤清器	材料及工艺考究，滤纸质感好，粗细均匀，有橡胶密封条。能有效过滤汽油中可能存在的杂质颗粒，与燃油管匹配精确	构造粗糙，滤纸低劣，疏密不匀，无橡胶密封条。过滤效果差，与燃油管的匹配精度低	假冒汽滤过滤效果差，可能会引起汽油泵与喷油嘴等部件的过早损坏，导致发动机出现工况不良、动力不足及油耗增加等情况
	真假对比图		
机油滤清器	采用专业的滤纸材料，过滤性能良好，有可靠的回流阻止机构	内部材料及制造工艺粗糙，过滤性能差，无回流阻止机构或机构不可靠	假冒机滤由于过滤效果差，容易引起曲轴与轴瓦等主要部件的过早磨损，大大缩短发动机的使用寿命
	真假对比图		

续上表

配件名称	纯正件特征	假冒件特征	使用假冒件危害
空气滤清器	制造材料优质,密封效果好,除尘效率高,为发动机发挥最佳工作性能提供保障	材料粗糙,过滤效果差,匹配精度低,不能有效地滤除空气中的悬浮颗粒物	假冒空滤密封效果差,杂质颗粒容易被吸进发动机,轻则加速发动机气缸和活塞的磨损,重则造成汽缸拉伤,缩短发动机的使用寿命
	真假对比图		
火花塞	采用了优质金属材料,侧面电极是一体加工完成的,并非焊接上去,间隙均匀,采用了优质金属材料,导热性能出色,即使在车速到达200km/h电极的温度也只有800℃。内部都会有专门设计的电阻,以减少外界电波的干扰	绝缘材质差,甚至有气孔,防导电的性能也相对较弱,并且内部一般不会安装电阻,所以容易受到外界电波干扰。电极间隙一般不够均匀,绝缘体使用的材料也不够好,导热性能差。时速超过130km/h后电极温度已到达1100℃,临近电极熔断点	由于火花塞的工作环境是高温高压,所以伪劣产品的电极非常容易烧蚀,造成电极间隙过大,火花塞放电能量不足,结果就是冷启动困难,发动机内部积炭增多,起步、加速性能下降,油耗增加
	真假对比图		
制动摩擦片	正规厂家生产的制动摩擦片,包装印刷比较清晰,上有许可证号,还有指定摩擦系数、执行标准等。而包装盒内则有合格证、生产批号、生产日期等。采用先进材料制作而成,可最大限度地降低制动摩擦盘的磨损和热损;制动性能稳定可靠保证车辆能安全、精准地停车	厚度及形状通常与真品不一致,材质手感粗糙,噪声和振动大,质量和制动性能不稳定	使用假冒刹车片,可能引起制动力不足或制动失灵等情况发生,导致车辆不能正常制动,危害安全行车
	真假对比图		

续上表

配件名称	纯正件特征	假冒件特征	使用假冒件危害
正时皮带	采用优质复合材料制作,无明显气味,制造工艺精良,匹配精度高,抗疲劳性能强	制造材料及工艺粗糙,有一股臭胶味,匹配精度差,容易磨损和断裂	假冒正时皮带使用寿命短,影响发动机工况,高速行驶时安全隐患较大
	真假对比图		
前照灯	从外观上看,正品表面光洁、角度准,而假冒品表面粗糙,不易安装,伪劣产品质量很差,如配光性能不合格、光学性能差,汽车在特殊条件下行驶的安全性将受到很大影响。劣质前照灯内产生雾气、亮度不足、焦距不集中、射程太近,严重影响行车安全。劣质灯具本身密封不严,在雨天行驶或洗车时,水渗入灯内易生锈,造成线路短路着火烧车		
防冻液	假防冻液外包装非常逼真,但在打开瓶盖后瓶颈上有溢漏的痕迹,这是因为制假厂家灌装设备达不到标准,真防冻液无溢漏状况。假防冻液腐蚀性过大,危害严重,甚至出现腐蚀发动机缸体的情况		
制动总泵	正品有色标、生产编号,外观粗糙,内部精细,制动皮碗耐腐蚀,制动性能好;假冒产品则表面光洁内部不精细,无色标,无编号,皮碗耐腐蚀差,制动性能差,影响行车安全		

汽车配件产品的验收方法多种多样,各种手段需要综合运用,应根据不同的配件采用不同的验收方法,并综合运用。

5. 配件验收步骤

配件验收步骤如图 4-14 所示。

图 4-14 配件验收步骤

1)清点箱数

(1)接收送货单(或货运单)。货运公司送货到门口时,首先接收送货单(或货运单)一式两联,做收货准备(图 4-15)。

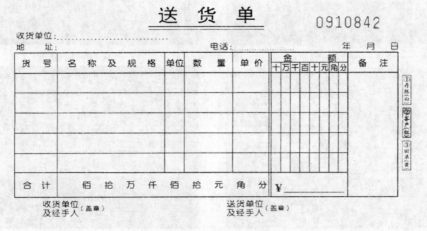

图 4-15 货运公司送货单

（2）确认送货单（或货运单）内容。确认送货单（或货运单）上收货单位为本公司名称，确认本次收货的日期和收货箱数，准备收货。

（3）清点数量。按一个包装标签为一个箱头（件数）进行清点，包装标签如图4-16所示。清点时确认零件包装标签上的公司名称是本公司的名称，确认包装标签下的发货日期与送货单（或货运单）相符，清点后确认收到的件数（符合上述要求的箱头）与送货单（或货运单）上的一致。

2）检查包装

对收到的零件逐一检查外包装的完好性，如图4-17所示。

图4-16 包装标签

图4-17 检查外包装

收到的零件外包装不良时，如图4-18～图4-21所示，应打开不良的包装对内装零件进行检查，内装零件破损时，在货运单上必须注明，拍照后向供货商申请索赔。

图4-18 外包装破损

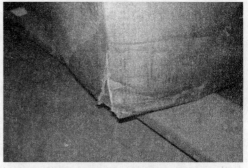
图4-19 零件渗漏

图4-20 外装木箱散架

图4-21 外包装有明显痕迹

3）签收

必须按以上流程验收后,才能签署送货单(或货运单),签署样本如图4-22所示。

(1)货物无异常时,签收字样为"实收××件,签收人×××,收货日期×年×月×日",如图4-22所示。

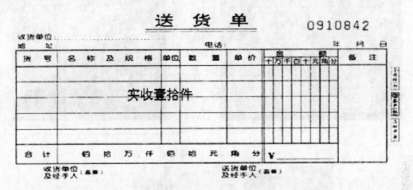

图4-22 签收送货单

(2)货物数量不符时,签收字样为签收字样为"实收××件,欠××件,签收人×××,收货日期×年×月×日",如图4-23所示。

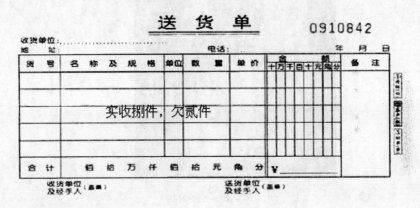

图4-23 签收送货单(二)

送货单(或货运单)签署后,一联 DLR 留存做申请索赔备用,一联交物流公司带回。

4）明细验收

(1)取出发票清单,找到标有"内附清单"字样的箱头,打开包装在红色胶袋内取出发票清单,准备验货,如图4-24所示。

(2)准备验收工具。准备手推车、篮筐,到货清单平整夹好,准备开箱验货,如图4-25所示。

(3)确认发票清单为本公司清单。

(4)确认全部待验收的发票清单客户名称为本公司的名称。

(5)根据发票清单逐一验收零件。

根据发票清单验收零件,逐一核对零件编码、数量,确认零件是否属于开箱检查的范围,如图4-26所示。

汽车配件管理

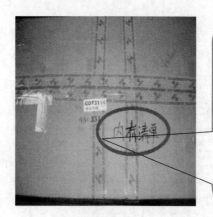 

图 4-24 发票清单

图 4-25 准备验收工

图 4-26 配件验收单

(6) 以下零件必须开箱检查：
① 零件包装不良（包括有明显碰撞痕迹、破损、漏油等）。
② 易损件，如图 4-27～图 4-30 所示。

图 4-27　易损件——玻璃

图 4-28　易损件——灯具

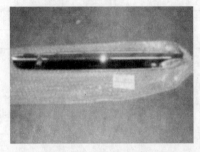

图 4-29　易损件——饰品

图 4-30　易损件——塑胶

③ 高价值零件，零件单价在 1000 元以上的零件。

在验收过程中，经常会出现以下几种不良验收的情况，如表 4-6 所示。

不良验收示例　　　　　　　　　　　　　表 4-6

序号	不良验收状况	易造成的问题
1	零件从外包装取出后放置在地上进行验收，如图 4-31 所示	① 验收时容易踩踏零件，造成零件损伤；② 验收与未验收零件不易明确区分，容易造成验收差错
2	先将零件从箱中全部取出，丢弃外包装后再进行验收	① 容易出现零件未完全取出，验收完毕后发现短缺，在垃圾堆中找回零件；② 发生货损时未能真实反映零件装箱情况，令供应商装箱改善工作难以到位
3	验收时未将所有包装完全打开进行验收	容易出现点漏或点错零件
4	零件到货后未验收先出库，或未验收已上架	容易遗漏验收零件，向 FPD 申报错误短缺报告

图 4-31　件取出后放置在地上进行验收

5）填验收表

经过以上4个步骤以后，验收人员可以填写配件验收表格，如表4-7所示。

配件验收表　　　　　　　　　表4-7

年　　　月　　　日　　　　　　　　　　　　　　编号

采购单号		零件名称							料号				
供应商								数量					
检验项目	标准	抽样结果记录											
		1	2	3	4	5	6	7	8	9	10	11	12	13
结果	及格					审核				检验者			
	不及格												

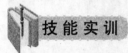

（一）任务下达

1. 汽车配件订货计划表的制定

利用企业实习机会或其他途径，收集2家以上企业配件订货信息，制定一份订货计划表。要求有文字记录、相关影像资料。

2. 汽车配件验收时真假识别

实地调查周边汽车客户，了解维护修理时使用的汽车配件质量问题，或查找资料，搜集历年"3·15晚会"有关汽车配件打假事件。

（二）任务实施

以小组形式展开，分工明确，并采用角色扮演法在课堂上展示。同时，注意观察其他组展示情况，并将所见所闻进行记录。

（三）任务评价

（1）通过本任务的学习你认为自己是否已经掌握了相关知识并掌握了基本操作技能。
（2）实训过程每一任务完成情况评价，完成程度。
（3）在完成每次任务的过程中，你和同学之间的协调能力是否得到了提升？
（4）通过本任务的学习，你认为自己在哪些方面还需要深化学习并提升岗位能力？

汽车配件日常进货管理模块的学习主要从汽车配件进货和汽车配件运输与验收两个方面进行介绍。汽车配件进货介绍了进货方式、进货原则、订单的种类和配件订货计划表的制定。汽车

配件运输与验收介绍了配件运输涉及的物流配送运输方式及其特点,汽车配件运输包装标志,汽车配件运输货损货差处理,汽车配件验收的依据、基本要求、验收流程、验收方法等内容。

思考与练习

(一) 单项选择题

1. ( )是由配件销售部(组、分公司)自设进货人员,在核定的资金范围内自行采购。
 A. 集中进货 B. 分散进货
 C. 集中进货与分散进货相结合 D. 联购合销

2. 配件的( )包括三个主要阶段:新零件订货、正常件订货和停产件订货。
 A. 到货周期 B. 订货周期 C. 生命周期 D. 在途周期

3. ( )的特点是:货运量大,速度快,不受气候和季节影响,连续性强。
 A. 航空运输 B. 公路运输 C. 水路运输 D. 铁路运输

4. ( )是根据汽车配件的某些特性(如怕热、怕振、怕湿、怕冻等)而确定的标志。
 A. 包装储运标志 B. 包装识别标志 C. 图形标志 D. 文字标志

5. ( )能够识别的是产品表面质量,表面处理工艺,比如电镀工艺、油漆工艺、热处理工艺、包装工艺等。
 A. 目测法 B. 简单技术手段鉴别法
 C. 实验法 D. 仪器测量法

(二) 判断题

1. 汽车配件在组织进货时要贯彻"四进、五不进、三坚持"的原则。 ( )
2. 实现良性库存的关键在于依据零件的流通等级确定好库存的深度(库存数量)和宽度(库存品种)。 ( )
3. 汽车配件运输包装标志是指在运输包装外部制作的特定记号或说明。 ( )
4. 货物在交给运输部门前和承运前发生的损失和由于发货单位工作差错、处理不当发生的损失,由承运单位负责。 ( )
5. 假防冻液外包装非常逼真,但在打开瓶盖后瓶颈上有溢漏的痕迹。 ( )

(三) 简答题

1. 汽车配件销售企业在组织进货时的方式有哪几种?
2. 配件计划表编制时应注意哪些事项?
3. 汽车配件运输发生货损货差如何处理?
4. 汽车配件验收方法具体有哪些?

思考与练习答案
(一) 单项选择题
1. C 2. B 3. B 4. A 5. A
(二) 判断题
1. × 2. √ 3. √ 4. × 5. √
(三) 简答题
略。

模块五　汽车配件仓储管理

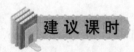

1. 了解汽车配件出入库管理流程，能对不同配件进行分区分类和编写货位；
2. 运用货物堆码技术进行配件库存保管；
3. 了解配件仓位的规划，学会摆放配件；
4. 利用不同的配件盘点方法，对库存配件进行盘点；
5. 掌握配件索赔流程，正确处理配件质保问题。

建议课时

18 课时。

汽车配件的仓储保管工作是仓储管理中最基本的作业，在具体工作中，要求做到保质、保量、及时、低耗、安全地完成仓库保管工作的各项任务，并节省保管费用。

一、配件出入库管理

(一)配件入库管理流程

库房在收到汽车配件和相应入库验收单据的情况下，按照库房实物管理制度，清点货物，通过入库搬运、安排货位、堆码等工序，按照要求，将货物存放到指定地点，并在入库验收单上签字。

配件入库流程如图 5-1 所示。

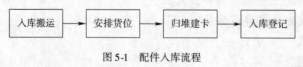

图 5-1　配件入库流程

1. 入库搬运

配件入库搬运的第一步是卸车。由于汽车配件种类繁多，并且特征不同，多数卸车是靠人力完成的。

配件的入库搬运包括配件在仓库设施内的所有移动。仓库收到配件后，为了库存管理和出库的需要，有必要在仓库内搬运货物并将其定位。当配件需要出库时，就将所需配件集中起来并将其运送到配件发料区。

一般说来，配件在仓库中至少要有两次或两次以上搬运。第一次移动是将配件搬运进库并放置在指定的储存位置上。第二次移动是在仓库内部进行的，这次移动是为了配件分选。当需要分选时，配件就被搬运至拣选区。如果配件体积大，则第二次移动就可省去。第三次移动是把汽车公司作业需要的配件从仓库运到发料区。

在搬运当中应当注意的事项主要有：

(1) 尽量使用工具搬运，如小型手推车、平板车等，以提高效率。

(2) 尽量减少搬运次数，减少搬运时间。

(3) 尽量缩短搬运距离，节省人力。

(4) 通道不可有障碍物，以阻碍运输。

(5) 应注意人身及产品安全。

(6) 各类配件应有明确的产品及路程标识，不可因搬运混乱而造成生产混乱。

2. 安排货位

根据配件本身性能特点，要安排适当货位放置配件。货位就是指仓库中配件存放的具体位置，在库区中按地点和功能进行划分，来存放不同类别的货物。货位的合理设置，可以方便仓库中对货物的组织以及出入库时对货物的管理。

3. 归堆建卡

堆码就是将配件整齐、规则地摆放成货垛的作业过程。配件归堆时，一般按"五五堆码"原则（即五五成行、五五成垛、五五成层、五五成串、五五成捆）的要求，排好垛底，并与前、后、左、右的垛堆保持适当的距离。对于批量大的配件，可以另设垛堆，但必须整数存放，标明数量，以便查对。建卡时，要注明分堆寄存位置和数量，同时在分堆处建立分卡。

4. 入库登记

产品经验收无误后即应办理入库手续，进行登账、立卡、建档等手续（图5-2）。妥善保管产品的各种证件、说明、账单资料。

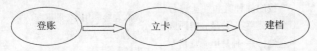

图5-2 入库登记流程

(1) 登账：仓库对每一种规格及不同质量（级别）的产品都必须建立收、发、存明细账，以及时反映产品存储动态。登账时必须要以正式的收发凭证为依据。

(2) 立卡：料卡是一种活动的实物标签，反映库存产品的名称、规格、型号、级别、储备定额和实存数量。一般料卡直接挂在货位上。

(3) 建档：历年的产品技术资料及出入库有关资料应存入产品档案，以利查询，积累产品报告经验。产品档案应一物一档，统一编号，做到账、卡、物三者相符，以便查询。

汽车配件入库单如表5-1所示。

仓库账务管理人员要根据进货单和仓库保管员安排的库、架、排、号以及签收的实收数量，逐笔逐项记账，并保留入库单据的仓库记账联，以此作为原始凭证，保留归档。另外两联分别退还业务和财务部门，作为业务部门登录商品账和财务部门冲账的依据。配件入库的全部过程到此结束。

入 库 单 表5-1

供货商名称:_____

仓库名称:_____ 日期:_____ 入库单号:_____

| 品名 | 规格 | | | 单位 | 进价 | 数量 | 金额 |
	规格型号	品牌	车型				
		合计					

经办人: 备注:

(二)汽车配件分区分类和编写货位

1.汽车配件分区分类方法

汽车配件的分区分类方法有多种,如表5-2所示。

分区分类方法及说明 表5-2

分区分类方法	说　明	优缺点	举　例
按部、系、品种系列分库	即所有配件不分车型,一律按部、系、品种顺序,分系集中存放。凡是品名相同的配件,不论适配什么车型,均放在一个仓库内	优点:仓容利用率较高,库容比较美观,方便安排储存品种。缺点:提货不太方便,收发货物时容易出差错	发动机仓库;通用库
按车型系列分库	按所属的不同车型分库存放配件	优点:提货方便,也减少了收发货的差错。缺点:仓容利用率较差,且对保管员的业务水平的要求较高	东风汽车配件仓库、解放汽车配件仓库、桑塔纳汽车配件仓库
依据配件其他属性进行分区分类	按配件种类和性质进行分区分类:一种是分类同区仓储;另一种是单一货物专仓专储	提高仓容利用率,贵重配件专储,专人保管,不会丢失	主仓库或油品仓库,或配件仓库
	按配件发往地区进行分区分类	便于安排交通运输工具,不会将货发错地点	中转仓库或待运仓库
	按配件危险性质进行分区分类	以免相互接触而发生燃烧、爆炸等反应	特种仓库

对于配件来说,不论按哪种分库储存,凡是大件、重件(包含驾驶室、车身、发动机、前后桥、大梁等)都要统一集中储存,这样可以充分发挥仓库各种专用设备,特别是机械吊装设备的作用。这样,不仅可以提高仓容利用率,而且还可以减轻装卸工的劳动,提高劳动效率。

以上介绍的这几种分库方法,具体采取哪一种,需要根据各个单位配件保管员的专业知识水平、仓库设备、库存配件流量等具体情况,综合考虑后,选择适当的分库存储方法。但不管选择哪种管理办法,当仓库储存的物资和配备的保管员一经确定后,就要相对稳定,一般不要随意变动,以便仓库根据储存货物的性能和特点,配备必要的专用设备(含专用货架、格架、开箱开具、吊装设备等),从而适应仓库生产作业的需要。同时,不论采用哪种方式管理,都要为配件建卡立账,以便更好地核对、盘点和相互间沟通,这样做也有利于提高工作效率。

2. 配件分区分类注意事项

(1) 按商品性质和仓库设备条件安排储存。如对怕高温的商品(如酚荃塑料制品、橡胶类配件),要存放在保温库、地下室、半地下室和温度适宜的库房内;对怕冻配件要安排在保温库或暖库储存;对怕潮、易溶、易锈等配件,要安排在仓库货架的上层或比较干燥的库房内储存。

(2) 互相影响、不宜混存的汽车配件一定要隔离存放。化学危险品与一般配件不能混存同一仓库。

(3) 按作业安全、方便分区分类。如出入库频繁的汽车配件,要安排在靠近库门处;粗、笨、重、长、大的配件不宜放在库房深处;易碎配件(如汽车玻璃、灯泡)要避免与笨重商品存放在一起,以免在搬运时影响易碎配件的安全。

(4) 消防灭火方法不同的汽车配件要严禁储存在一起。

(三) 货物堆码技术

仓库里的配件堆码必须贯彻"安全第一"的原则,在任何情况下,都要保证仓库、配件和人身的安全,同时还要做到文明生产,配件的陈列堆码,一定要讲究美观整齐。

1. 对堆码的技术要求

(1) 合理。垛形必须适合配件商品性质特点,便于配件保管维护,并有利于配件的先进先出。

(2) 牢固。货垛必须不偏不斜,不能压坏底层的货物和地坪。

(3) 安全"五距",定额管理。库房五距是指:

① 顶距:距离楼顶或横梁50cm;

② 灯距:防爆灯头距离货物50cm;

③ 墙距:外墙50cm,内墙30cm;

④ 柱距:留10~20cm;

⑤ 垛距:留10cm。易燃物品还应留出防火距离。

(4) 实行"五五化"堆码,堆码美观整齐,码成"五"的倍数,也便于记数和发货。"五五化"堆垛就是以五为基本计算单位,堆码成各种总数为五的倍数的货垛,即大的配件堆码成五五成方,小的配件堆码成五五成包;长的配件堆码成五五长行,短的配件堆码成五五成堆,带眼的商品堆码成五五成串。这种堆垛方式是常用的一种科学、简便的堆码方式,过目成数,清点方便,数量准确,不易于出现差错,收发快,效率高,适用于按件计量配件。

(5) 堆码货物的包装标识必须一致向外,不得倒置,发现包装破损,应及时调换。货物沿通道、支道画线堆码,堆垛要不斜、不歪,货垛货架排列整齐、有序,横看成行,竖看成线,堆码清洁、美观。

(6) 节省。要节省货位,提高库容利用率,减少作业环节,提高作业效率。

2. 汽车配件堆码方法

常见的汽车配件堆码方法有重叠法、压缝法、牵制法、通风法、行列法等。

1)重叠法

重叠法(图5-3)即按入库汽车配件批量,视地坪负荷能力与可利用高度来确定堆高的层数,先摆正底层汽车配件的件数,然后逐层重叠加高,上一层每件汽车配件直接置于下一层每件汽车配件之上,并对齐。重叠法适用于硬质整齐的汽车配件包装、正方形的包装和占用面积较大的钢板等。垛体整齐、稳固,操作较易。但不能堆太高,尤其是孤立货垛、以单件为底的货垛,若垂直叠得过高则容易倒垛。

 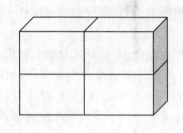

图5-3 重叠法堆码

2)压缝法

压缝法(图5-4)是指对包装呈长方形的、且长度与宽度成一定比例的汽车配件采用每层交错压缝堆码的方法。即上一层汽车配件跨压住下一层两件以上的汽车配件,下纵上横或上纵下横,货垛四边对齐,逐层堆高。用此法使每层汽车配件互相压缝,既可使堆身稳固、整齐、美观,又可按小组出货,操作方便,易于腾出整块可用空间。每层和每小组等量,便于成批标量,易于核点数量。

3)牵制法

当汽车配件包装不够平整、高低不一、堆码不平衡时,可在上、下层汽车配件间加垫,并夹放木板条等,使层层持平有所牵制,防止倒垛,此法可与重叠法、压缝法配合使用。例如,存放汽车前、后桥的专用枕垫(图5-5)、存放横拉杆的专用格架(图5-6)。

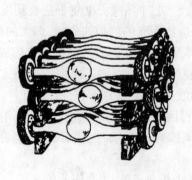 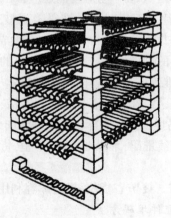

图5-5 前、后桥专用枕垫　　图5-6 横拉杆专用格架

4）通风法

为了防止某些汽车配件发霉、受潮锈蚀，需要通风散热、散潮，堆放时，件与件之间不能靠紧，前后左右都要留一定空隙，即要堆成通风垛。汽车配件常见的通风法堆码方式有旋涡形、"井"字形、"非"字形、"示"字形等，如图5-7所示。

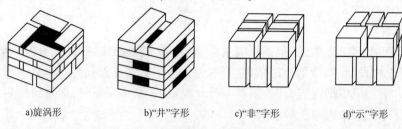

a）旋涡形　　　　b）"井"字形　　　　c）"非"字形　　　　d）"示"字形

图5-7　通风法堆码

桶装、听装的液体汽车物品，排列成前后两行，行与行、桶与桶间都应留有空隙；上层对下层可压缝堆高，即上一件跨压在下两件"肩"部，以便检查有无渗漏。桶装、瓶装物品库房货架如图5-8所示。

5）行列法

零星的小批量汽车配件，不能混合堆垛，应按行排列，不同汽车配件背靠背成两行，前后都面临走道，形成行列式堆码，避免堆"死垛"（指堆垛中无通道，存取不便）。

3. 专用货架堆码

汽车上的许多配件在存储堆码时需配备专用货架。例如轮胎，为防止轮胎受压变形，需要专门货架保管，这种货架有固定的，也有可装拆的，其堆码方法如图5-9所示；存放铝合金轮毂的专用格架如图5-10所示。

图5-8　桶装、瓶装物品堆码

图5-9　轮胎专用货架堆码

图5-10　铝合金轮毂专用货架及堆码

（四）配件出库管理流程

配件的出库作业与入库作业，要求基本是一致的，即要求对出库配件的数量、品种、规格进行一次核对，经复核与发货凭证所列项目准确无误后，当场与领料单位办妥交接手续,以明确责任。为保证配件及时、准确、迅速出库,配件出库必须按一定的程序进行。出库流程如图5-11所示。

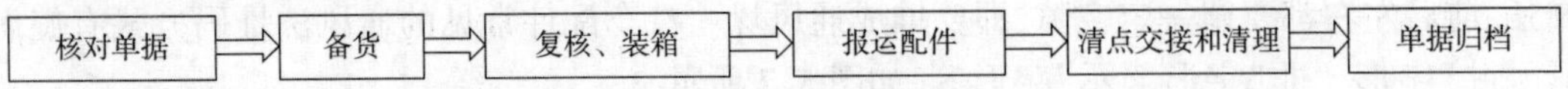

核对单据 → 备货 → 复核、装箱 → 报运配件 → 清点交接和清理 → 单据归档

图5-11　出库流程

1. 核对单据

业务部门开出的供应单据(包括供应发票、转仓单、商品更正通知单、补发、调换单、退货通知单等)是仓库发货、换货的合法依据,仓库保管员一定要首先核对和审查领料单,根据领料单据发货。但如果单据内容有误,填写不符合规定、手续不完备时,保管员可以拒绝发货。零件取货单样本大多如表5-3所示。

零件取货单　　　　　　　　　　　　　表5-3

操　作　卡＿＿＿＿＿＿＿＿

车　　　牌＿＿＿＿＿＿＿＿　　　　　发货凭单＿＿＿＿＿＿＿＿

挂账户口＿＿＿＿＿＿＿＿　　　　　　开单日期　　年　　月　　日

数量	车系	零件编号	名称	仓位	单价	提货数量	金额

营业员＿＿＿＿＿　　仓务员＿＿＿＿＿　　领料＿＿＿＿＿　　合计金额＿＿＿＿＿

2. 备货

备货前应将供应单据与卡片、实物核对,核对无误后,方可备货。备货要本着"先进先出"的原则。备货有两种形式:一种是将配件发到理货区,按收货单位分别存放,并整齐堆码,以便复点;另一种是外运的大批量发货,为了节省人力,可以在原垛堆就地进行发货,但必须要在单据上注明件数和尾数(即不足一个原箱的零数)。无论采用哪一种备货形式,都应及时记卡、记账,核对结存实物,以保证账、卡、物三者相符。

3. 复核、装箱

备好货以后,一定要认真复核。复核无误后,货物属于用户自提的,可以当面点交;货物属于外运的,可以装箱发运。装箱清单见表5-4。

仓库装箱清单　　　　　　　　　　　　表5-4

收货单位:　　　　　制单日期:　　年　　月　　日　　　　发货仓库

发票号码	品名	规格	数量	装箱情况				捆	合计重量(g)
				木箱		纸箱			
				原箱	拼箱	原箱	拼箱		

货款结算	货款及管理费			运杂费		合计金额	托收时间号码	运输工具	
	单据	货款	管理费	单据	金额			标签号	
								货票号	
								承运时间	

在复核中,要按照单据内容逐项核对,然后将单据的随货同行联和配件一起装箱。如果是拼箱发运的,应在单据的仓库联上注明;如果编有箱号,应注明拼在几号箱内,以备查证。无论是整箱或拼箱,都要在箱外表面上书写运输标记,以防止在运输途中发错到站。

配件从仓库到用户手中,中间需要经过数次装卸和运输。因此一定要保证其包装完好,避免在运输途中造成损失。

4. 报运配件

经过复核、装箱、检查配件号码后,要及时过磅称重,然后按照装箱单内容逐项填写清楚,报送运输部门向承运单位申请准运手续。

配件在未离库前的待运阶段,要注意安全管理。例如,对于忌潮的配件要加垫,怕阳光曝晒的配件,需要将其放在避光通风处。总之,在配件没离开仓库之前,保管员仍然要保证其安全。

配件在发货过程中单据与实物流程见表 5-5。

发货单据与实物流程表　　　　　　　　　　　　　　　表 5-5

发货	港站发货	销减合同	根据发货清单销减合同
		开票、下账	开票并销商品账
		分票、交单	接收货单位分票、登记、交仓库签收
		登票、下库	仓库将票登记,交保管员签收
		对单、备货	保管员审核财务收款印戳核对供货单据备货
		销卡、销账	仓库备货后保管员销卡,核对库存销账
		复核、装箱	出库复核无误,将随货同行单据与配件一同装箱
		称重、填装箱单	除原箱有重量外,其余要称重,按要求填写装箱单
		报运	仓库将填好的装箱单,向运输单位报请准运
		发货	凭仓库装箱单到仓库提货,收回提单装订保管
		托运	货到港交清后,办理托运凭证
		收款	根据合同或运输凭证向收货方收款
		归档	货款收回后,原供货单据存根归档
	发货自提	销减合同	根据发货清单销减合同
		开票、销卡	开票并销账
		收款	供货并经提货人签字后收款或托运
		发货、销卡	供应单据经财务收款盖章,提货人签字后发货
		复点	物资出库、逐票复核,点交提货人
		放行	发货交接手续办好后开门证,放行
		销账	仓库账务员审核单据,手续办齐后,销账
		归档	供应单据销账后,按月装订成册

5. 清点交接与清理

运输部门在凭装箱单向仓库提货时,仓管员要先审查单据内容及印章以及经手人签字等,然后再按单据内容如数点交。清点交接完毕后,随即清理现场,整理货位,腾出空仓位,以备再用。用户自提货的一般不需备货,随到随发,按提单内容当面点交,并随时结清,做到卡、物相符。

6. 单据归档

单据归档发货完毕后,应及时将提货单据(盖有提货印章的装箱单)归档,按照其时间顺序,分月进行装订,并妥善保管,以备将来查考。

二、配件库存管理

(一)配件仓库

仓库,是为存放、保管、储存物品的建筑物或场所的总称,其功能主要是存放和保护物品。

1. 配件仓库总平面布置的要求

1)要适应仓储企业生产流程,有利于仓储企业生产正常进行

(1)单一的物流方向。仓库内商品的卸车、验收、存放地点之间的安排,必须适应仓储生产流程,按一个方向流动。

(2)最短的运距。应尽量减少迂回运输,专运线的布置应在库区中部,并根据作业方式、仓储商品品种、地理条件等,合理安排库房、专运线与主干道的相对位置。

(3)最少的装卸环节。减少在库商品的装卸搬运次数和环节,商品的卸车、验收、堆码作业最好一次完成。

(4)最大地利用空间。仓库总平面布置是立体设计,应有利于商品地合理储存和充分利用库容。

2)有利于提高仓储经济效益

(1)要因地制宜,充分考虑地形、地质条件,满足商品运输和存放上的要求,并能保证仓容充分利用。

(2)平面布置应与竖向布置相适应。所谓竖向布置,是指建设场地平面布局中每个因素,如库房、货场、专运线、道路、排水、供电、站台等,在地面标高线上的相互位置。

(3)总平面布置应能充分、合理地利用我国目前普遍使用的门式、桥式起重机一类的固定设备,合理配置这类设备的数量和位置,并注意与其他设备的配套,便于开展机械化作业。

3)有利于保证安全生产和文明生产

(1)库内各区域间、各建筑物间,应根据"建筑物设计防火规范"的有关规定,留有一定的防护间距,并有防火、防盗等安全设施,经过消防部门和其他管理部门验收。

(2)总平面布置应符合卫生和环境要求,既满足库房的通风、日照等,又要考虑环境绿化、文明生产,以利于增进职工的身体健康。

2. 配件仓库的总体构成

1)仓库结构分类

(1)平房仓库,一般构造简单,建筑费用低,适于人工操作。

(2)楼房仓库,是指二层楼以上的仓库,它可以减少占用面积,出入库作业则多采用机械

化或半机械化作业。

（3）货架仓库,它采用钢结构货架储存货物,通过各种输送机、水平搬运车辆、叉车、堆垛机进行机械化作业。按货架的层数又可分为低层货架仓库(货物堆放层数不大于 10 层)和高层货架仓库(货物堆放层数为 10 层以上)。

2）仓库的空间布局

仓库的布局是指一个仓库的各个组成部分,如库房、货棚、货场、辅助建筑物、库内道路、附属固定设备等。在规定的范围内,进行平面和立体的全方位合理安排。

3）汽车配件仓库的构成

一个配件仓库通常由货架区(备件存储区)、卸货区和行政管理区三大部分组成,如图 5-12 所示。

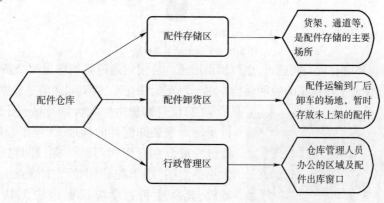

图 5-12　汽车配件仓库结构

（1）配件存储区。配件存储区是仓库的主体部分,是汽车配件储存放置的主要场所,包括储存货架、通道等。

配件存储区是储存保管的场所,具体分为货架、主通道、货架间通道。货架是汽车配件放置的基础设施,可存放商品,同时还起着货位的周转和调剂、作业作用。

仓库内至少设一个主通道(专运线),主通道能清楚地从一端看到另一端,主通道的设置常有两种形式,如图 5-13 所示,主通道主要是为保证配件入库及出库,应与库内其他道路相通,保证通畅。主通道的宽度必须能满足大件配件的运输,常以使用的平板推车宽度为参考,一般常用宽度为 130cm,可以两辆平板推车并行通畅,常选用平板推车如图 5-14 所示。

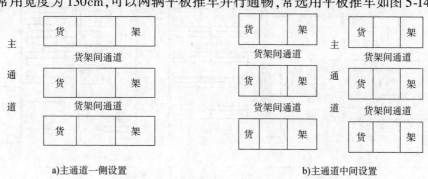

图 5-13　主要通道在仓库的两种布置形式

图 5-14 平板手推车及规格

在货架之间要设有货架间通道,也称辅助通道。货架间通道必须满足两个条件:①两人逆向通行无阻;②保证平板推车的顺利通行。对于汽车配件仓库,货架间通道一般宽度为90cm。

图 5-15 配件卸货区

(2) 配件卸货区。配件卸货区(图5-15)是供配件运输车辆装卸配件的场地,为便于仓储的入库,卸货区一般设在仓库大门的一侧,卸货区要求有一定大小的空间,用于配件卸货而未清点上架前的暂时堆放,其高度和宽度应根据运输工具和作业方式而定。

(3) 行政管理区。行政区主要是仓库行政管理机构区域。对于汽车配件存储仓库而言,行政区一般设在仓库与维修车间衔接的地方,是业务接洽和管理的办公区域及仓库对维修车间发货的窗口,主要设有出库前台和配件管理主管办公室。

货架区(配件存储区)、卸货区和行政管理区在仓库中的合理设计,能有效地利用空间位置,为企业节约不必要的浪费,图5-16是两种常见的仓库平面设计图。

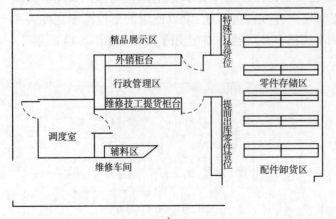
a)

b)

图 5-16 两种常用仓库平面结构图

在仓库的空间布局上,要合理设计配件存储区、行政管理区和通道空间的比例,在比例的设置上,配件卸货区归属于空间通道,如图 5-17 所示,合理的空间比例分布,才能更有效地利用空间。

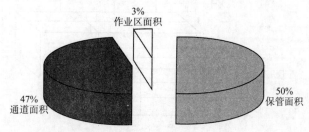

图 5-17　仓库空间设计合理比例图

(二)配件仓位规划

仓位是货物仓库中存放的确切位置,便于迅速找到货料。汽车配件仓储要有合理的仓位设计,以便于配件出库的速度和配件仓储的日常管理。

1. 配件存放及料位码编制原则

料位码是标明配件存放的准确位置的代码,料位码是空间三维坐标的形象的表现。对于空间三维坐标,任何一组数字都可以找到唯一的一点与它相对应,也就是一点确定一个位置,一个位置只能存放一种配件。料位码编制原则有:

(1)配件的存放位置与使用都易于接近。

(2)如图 5-18 所示,流动量频繁的配件(常流动件)应存放在与发料窗口接近的位置,方便件管理人员查找及获取,提高工作效率;而流动量相对比较缓慢(慢流动件)的配件存放在较后排的货架;在同一货架上,流动量频繁的配件存放在中间层,底层和顶层则存放流动量相对比较缓慢的配件。

(3)质量重的配件存放在底层货架,体积大的车身塑料件存放在二层阁楼。

(4)粗、重、长、大的配件,不宜存放在库房深处。

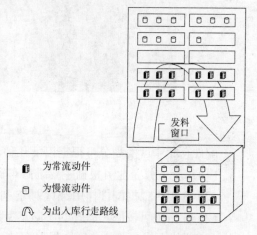

图 5-18　丰田汽车公司 4S 店配件堆码示意图

(5)从方便作业、提高工作效率角度进行料位编制。如果配件存放在过高的地方,提取及上架时不得不使用梯子,就会造成作业不方便、效率低下。所以,应该将配件存放在手能达到的位置。

2. 料位码编制的具体步骤

配件料位码常为四位,主要根据"区、列、架、层"的原则进行编排,如图 5-19 所示。

1)首先按区分类

料位码的第一位是在仓库中的分区,常用英文字母 A、B、C、D、…表示,如图 5-20a)所示。也可以按大类区分:一大类、二大类、三大类、…,如图 5-20b)所示。

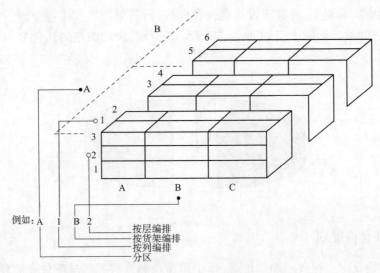

图 5-19　料位码编排示意图

a)
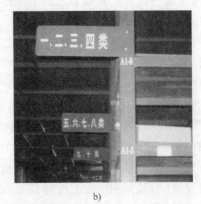
b)

图 5-20　配件仓库中区的划分

配件仓库中区的划分可根据以下几种形式进行：

(1)综合维修企业可根据主要维修车辆品牌进行划分。

(2)4S 店可根据配件作用进行划分,即发动机区、电器区、钣金区、油类区等。

(3)4S 店也可按同一品牌的不同车型进行分区,如本田的飞度区、雅阁区、奥德赛区等。

(4)部分维修企业的分区会根据配件流通的速度来划分,如维护常用配件、发动机大修常用配件等。

2)按列编排

料位码第二位表示第几列货架,用 1、2、3、…表示。

3)按货架号编排

料位码的第三位表示每列货架的第几个货架号,可用 A、B、D、…表示,在一些汽车 4S 店也常使用阿拉伯数字 0、2、3、D、…或 01、02、03、…来表示。

4)按层编排

料位码的第四位表示每个货架的第几层,用阿拉伯数字 1、2、3、…表示。

3. 料位码编制说明

1）料位码编制

料位码中的数字要通过英文字母分开，当26个英文字母不够用时，可将26个英文字母排列组合，以增加表示的范围，如 AB、AC、AD、…；同一通道或同一货架，两个相同字母组合（如 AA、BB、…）不能使用，避免发生混淆。

2）列号、货架号、层号编制

列号、货架号、层号常用以下方法进行排序。

（1）列号编排顺序以仓库的发料柜台为三维坐标的原点，料位码的列号依次增大，便于查找配件。

（2）货架号编排顺序：

①从左到右法，如图 5-21 所示。

②环形法，如图 5-22 所示。

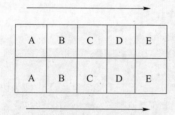

图 5-21　货架号从左到右编排

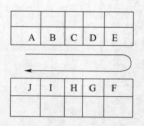

图 5-22　货架号环形法编排

（3）层号编排顺序。层号排序常用从下至上的方法进行编排，以货底层为"1"，往上依次增大。为确保配件仓储的货架通畅，货架层数最多设计为四层，对于尺寸较大的配件存放货架的高度与宽度都适当加大，相应该货架的层数也会减少，如轮胎、大型钣金配件等。

3）料位码的优化措施

料位码的编制要求准确细致，大件的料位码比较容易定位，但对于小型配件，如果在货架上直接堆码，易造成混乱，不利于仓储的管理，可采用以下方法，对其料位码进行精确定位。

（1）在地面画出分区的位置线，如图 5-23，增加视觉效果，在配件查找中快速对区进行定位，减少区位判断时间。

（2）列的划分可采用悬挂的细铁链分割不同货位，如图 5-24 所示，这样有利于在编排料位码时，可对相近配件进行细致的划分，使配件的存储位置更精确，提高出入库管理的操作效率。

（3）对于数量多、体积微小的配件，将硬纸板做成"蜂窝"状，作为微小型配件储存空间，如图 5-25

图 5-23　分区区域线的划分

所示，并在货位密布的货架中间层上，用醒目的颜色标注该层货签，使配件井然有序地存放于储物盒中，且一个零件一个号位，在出入库作业时，快速寻找恰当货位，提高工作效率，便于对仓储日常执行"6S"管理。

图 5-24 用悬挂的细铁链分割不同货位

如图 5-25 微小型配件存储

总之,配件存储中料位码的编制不是一层不变的,在基本原则的基础上,可根据自身企业特点和需求进行。例如,图 5-26 所示是丰田汽车公司的料位码编排示意图。料位码为 A03-01-04,具体表示为:

A——表示 A 区;

03——表示 A 区的第 03 列货架;

01——表示第 03 列货架的第 01 号货架,在此项号码的编排上,也可以使用字母表示;

04——表示由下向上数第 4 层。

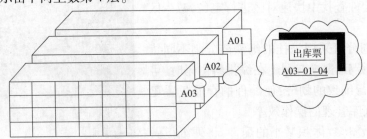

图 5-26 丰田汽车公司配件料位码示意图

这样,根据出库票单,得出配件的料位码,就能准确无误地找到所需出库的配件。

4. 料位码的读取

料位码的读取主要结合电脑操作系统完成,流程如图 5-27 所示。

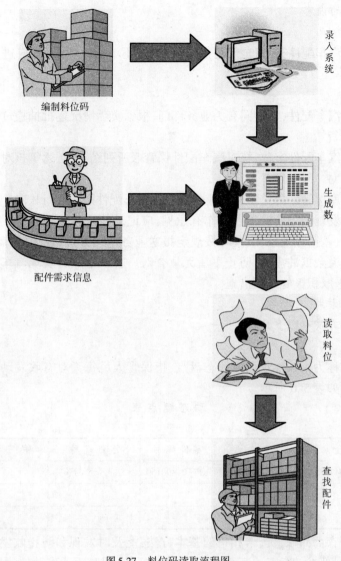

图 5-27 料位码读取流程图

(三)汽车配件盘存

在配件仓储管理过程中,配件的进出库作业是频繁发生的。因工作的疏漏或失误,可能会出现配件库存记录与实物数量不符的现象;也可能会出现因存放时间较长或保管方法不当导致配件质量受影响的现象。为了及时发现和处理这些情况,需要对库存配件进行清点和查看,这就是盘点作业。另外,在直接负责配件保管的库房保管员离岗换人时,也需要进行库存配件的交接盘点。

汽车配件盘点是保证储存货物达到"账、物、卡"完全相符的重要措施之一。盘点作业的目的:可以查找并纠正账、物不一致的现象;可以为企业计算损益提供真实依据;同时也可以检查仓储管理的绩效。盘点的目的还不仅是作为一个工作好坏评比的手段,主要是分析出现漏洞的原因,找出今后改进工作的方法。

1. 配件盘点的内容

1) 盘点数量

对于计件的汽车配件,应该全部清点;货垛层次不清的汽车配件,应进行必要的翻垛整理,逐批盘点。

2) 盘点重量

对于计重的汽车配件,可会同有关业务部门,根据实际情况逐批抽检过秤。

3) 核对账与货

根据盘点的汽车配件实数,核对汽车配件保管账所列结存数,逐笔核对,不能含糊。

4) 账与账核对

汽车配件仓库保管账簿应定期与业务部门的汽车配件账簿进行核对。

在盘点时若发现问题或对盘点工作有意见,应记录并及时追查原因。在未查明问题之前,对溢余、短缺、差错等现象,应及时按规定报送业务部门处理,以保持库存汽车配件的真实。不能随便以溢余抵冲短缺,防止事后无从查对。若在盘点时发现汽车配件霉烂、变质、残损等情况,应采取积极的挽救措施。

2. 配件盘点方式

常用的盘点方式有以下几种。

1) 日常盘点

日常盘点又称为永续性盘点或动态盘点,指保管人员每天对有收发动态的配件盘点一次,并汇总成表,如表5-6所示。

动态盘点表　　　　　　　　　　　表5-6

2018年3月5日

提货单号	仓　位	车　型	零件编号	零件名称	销　量	账面存量
S67132	M113/D01	HONDA	KP710-00150	油底壳密封胶	1	7

这是保证库存商品账、货、卡相符的基本方法,能及时发现和防止收发差错。这种核对不定期,是一种局部性的盘点。其特点:一是动态复核,即对每天出动的货垛,在发货后随即查点结存数。这种核对费时少,发现差错快,可以有效地提高账、货相符率。二是巡回核对,即日常翻仓整垛、移仓、过户分垛后,对新组合的货垛或零散的货垛,安排巡回核对点数。

2) 定期盘点(又称全面盘点)

这是库存盘点的主要方式。由仓库主管领导会同仓库保管员按月、季、年度,对库存商品进行一次全面的清查盘点,故亦称为期末盘点,通常多用于清仓查库或年终盘点。定期盘点的工作量大,检查的内容多,一般把数量盘点、质量检查、安全检查结合在一起进行。开展盘点前,对账、卡要核对一次,盘点时必须两人进行,采取以货找账的方法,要求对全部库存商品逐垛、按品种核对。账、货相符的,要在账页上和货垛上做出盘点标志;账、货不相符的,逐笔做出记录。盘点完毕,需把账页从头到尾仔细检查一遍,如发现无盘点标识的账页,应立即查明原因,及时处理。盘点结束后,保管员应做出盘点记录,注明账、货相符情况,在规定时间内向上级报告。

3)临时盘点(又称突击性盘点)

这种盘点是指根据工作需要或在台风、梅雨、严寒等季节而进行的临时性突击盘点。当商品突击出、入库时,日常盘点没有及时跟上,在突击出、入库结束后,必须要进行临时性的局部或全部盘点。保管员调离工作岗位与接替的人员办交接工作时,在仓库主管或组长的监督下,交接双方进行临时性盘点,以划清所保管商品的数量和质量责任界限。有时发生意外事故(如失窃),或对库房、货垛有疑问时,也可以组织有关人员临时突击盘点。

4)循环盘点法

循环盘点也称连续盘点,是指按照商品入库的先后顺序,不论是否发生过进出库业务,都要有计划地循环进行盘点的一种方法。每天、每周按顺序对部分商品进行盘点,到月末或期末则每项商品至少完成一次盘点。

5)重点盘点

重点盘点是指对进出动态频率高、易损耗、价值昂贵商品的一种盘点方法。由于库存配件品种多、数量大,每次盘点都要花费大量时间,为了提高盘点效率,平时必须要做到货垛标识清楚,货位号准确,分层分批拆垛,零头尾数及时进行倒并。

3. 配件盘点结果申报

1)盘点结果及处理业务

(1)报盈亏业务。报盈亏业务是对在仓储管理中合理的商品损耗填制盈亏报表,报领导批准的过程。

(2)报损业务。在仓储管理中合理的商品超过允许损耗范围,应填制报损表,并写明损耗原因,经领导处理、审批后报损。一般情况下,保管员应承担一定的经济责任。

2)发生盈亏原因的分析

发生盈亏可能有以下几个方面的原因:商品入库登账卡时看错数字;运输途中发生的损耗在入库时未发现;盘点工作计数错误;由于自然特性,某些商品因挥发、吸湿而使重量增加或减少;因气候影响而发生腐蚀、硬化、变质、生锈、发霉等;液体商品因容器破损而流失;单据遗失,收发商品未予过账;捆扎包装错误使数量短缺;衡器欠准确或使用方法错误。

3)盘点后的处理工作

(1)核对盘点单据。盘点开始时发给盘点人员的盘点单,须经统一编号、记数;盘点后按编号、发出的数量全部收回,以防最后计算上的疏漏。

(2)核账。盘点单据是盘点实际库存数的原始记录,用来与商品账、卡核对,检查盘点有无遗漏。

(3)追查发生盈亏的原因。将盘点单与商品账、卡进行核对,发现盈或亏时,要分析追查原因。一般可在如下方面查找原因:盘盈、盘亏的结论是否真实,是否因凭证遗失而造成错误;发生盘盈、盘亏的数量是否在定额损耗之内和允许磅差之内;发生盘盈、盘亏的原因分析是否合理。

(4)盘盈或盘亏的处理。原因查清之后,要研究处理方法,办理调整商品账、卡的手续。

(5)编表与分析。商品盘盈、盘亏与金额增减处理完毕后,编制商品盘点分析表,作库存商品管理考核用。

(四)汽车配件养护

汽车配件的存储必须根据不同的材料、结构形态和质量以及技术性能等多方面的要求，区别具体情况，提出不同的存储条件；为了达到汽车配件存储安全，避免存储期间发生配件霉变、失准、变形、破碎等损失，必须采取相应措施，安全存储。做好保管工作，不仅要求保管过程中配件的品名、规格、数量账实相符，而且更应保证其使用质量不受损坏。一旦发现库存配件异常，必须及时报告，以便采取维护措施，尽早和尽可能地挽回产品在保质期内的损失。

1. 配件存放条件

1）总体要求

（1）汽车零部件应储存在仓库或露天货场内，避免有害气体、尘土及烟雾的侵蚀和影响；不得与化学药品及酸、碱物质一同存放。

（2）要根据零部件的材质、质量、结构、形体、性能、外包装等特点，选择露天货场或仓库的仓间、仓位，采取不同形式的垛形，确定合理的货垛数量，分类存放，以保证存储的安全。

（3）储存场所应干燥、通风良好，具备消防设施。

2）仓库储存

（1）配件应存放在干燥通风的仓库内，库房温度一般应在 20～30℃，相对湿度一般在 75％以下，对易吸潮锈蚀的配件，须将货垛设在离开地面的空心垫板上，便于空气流通。

（2）储存轴承、工具、精密仪表的仓库相对湿度应不超过 60％，储存软木质产品的仓库相对湿度应为 40％～70％；橡胶、塑料制品，特别是火补胶应在温度不超过 25℃的专用仓库内储存。

（3）储存易吸潮生锈的零部件，应在零部件垛底铺设离地面至少 15cm 的架空垫板；必要时还应在地面铺置少量生石灰，在堆垛的适当位置放置氯化钙、氯化锂等吸潮剂。

（4）化学易燃品、易自燃品或危险品应在符合要求的专库内存放。

（5）易碎品或玻璃制品应单独存放。

3）露天货场储存

（1）露天存放的零部件应有高出地面 20cm 的苫垫、苫盖、密封棚架等保护措施，材料要符合防火安全要求。

（2）露天货场的地面应平坦坚实，承载压力为 30～50kN 并设排水沟，有铲车、吊车等装卸设备进出的通道。

2. 汽车配件的安全储存管理

1）储存期内的检查

（1）商品入库应对其进行验收。

（2）有严格保管期限的商品应在入库账单上和库存商品卡片上注明，并在存放位置上做特殊标志。注意到期时间，及时通知有关部门加以处理。

做好仓库内外温湿度日常的变化记录，保持和调节好仓库的温湿度。对易吸潮配件，要注意更换防潮剂；对防虫蛀配件，夏季要放樟脑丸。

（3）配件在入库时必须严格按照进货单据核对品名、规格、计量单位、数量，根据配件的性质、类别、数量安排合理的仓位并留出墙距、柱距、顶距、灯距、垛距,对无特殊性能要求的配件可用高垛位,一般采用重叠式或压缝式垛位,对于易变形和怕压配件的堆垛高度要灵活掌握,严禁重压。另外,堆垛时要排脚紧密、货垛稳固、垛形整齐、分层标量,并将填写好的标签(标签内容为品名、规格、计量单位、产地、单价)挂于垛位或货架上。

(4)配件出库必须与销货单相符,对每天出入库的配件要做到当日计核,货卡(保管卡)相符。

(5)要定期和不定期地对配件进行储存质量的检查,发现问题应及时报告,以便采取措施挽回损失。

(6)要经常对仓库的安全及消防器材进行检查。检查内容包括消防器材是否配置齐全、有效,垛位有无倾斜,门窗、水道等有无损坏、渗漏、堵塞等现象。当出现异常情况时,要立即采取防范措施。

(7)坚持日清月结季盘点,按规定抽查账、货相符率。

(8)坚持仓库安全制度,遵守安全操作规程,完善安全设施,确保人身、商品安全,严防火灾发生。

2)典型配件的储存与管理

(1)橡胶制品要储存在温度不超过25℃的仓库内,同时不能受压,以防老化和变形。

(2)各种灯具、玻璃制品、仪表等易损配件,要严防碰撞和重压,以避免配件的失准和破碎及真空灯芯的慢性漏气。

(3)蓄电池要存放在干燥通风的库房内,严防倒置、卧置和重压及剧烈振动,并应注意通气塞盖的密封,以防潮气侵入。

3. 汽车配件的养护

1)防锈蚀与磕碰

此种事例常见于汽车齿轮件及轴类件,如活塞销、气门。轻微的锈蚀与碰伤可以用机械抛光或用"00"号砂纸轻轻打磨后重新涂油防护,否则予以报废。对于锈蚀件,目前主要采取定期涂防锈油、防锈脂、可剥性塑料胶囊的方法进行处理。

有些配件在出厂前就已锈蚀,原因是生产厂不经除锈便涂漆或涂防锈脂;还有些配件的铸锻毛坯面,往往因清砂或清洗不净残留氧化皮或热处理残渣,虽经蜡封或涂漆,但在油漆下面已发生锈蚀,使油漆脱落,所以必须彻底将锈层、油漆层清除干净后,重新涂漆或蜡封。

2)电器、仪表配件的防护

由于振动或受潮而使绝缘介质遭到破坏、氧化、变质,技术性能发生变化,对此类器件必须进行校准、烘干、擦拭。

3)蓄电池及传感器的防护

蓄电池未注意防潮,短期内便造成极板的氧化,使其化学性能下降;许多传感器要求防潮、防振、防污染,如爆燃传感器。

4)玻璃制品、橡胶配件、石棉制品的防护

玻璃制品易破损、橡胶件易老化、石棉制品易损伤,应注意以上制品的经济寿命与技术寿命。

(五)配件仓库管理制度

汽车配件相关企业为了加强汽车配件仓库采购、储存、发放等的管理,保障汽车维修工作的顺利进行,需要制订并实施相应的管理制度。

1. 仓库管理员职责

(1)认真贯彻执行公司质量体系文件和规章制度,确保生产所需仓储物资的各项管理工作。

(2)树立优质服务意识,端正服务态度,遵守制度,接受配件主管的领导。

(3)负责对验证合格的配件进行合理摆放,做好标识工作。

(4)严格按规定办理配件的出入库手续,记录准确,做到账物一致。

(5)加强储存配件管理,定期检查库存配件质量,发现问题应及时处理,并报告配件主管。

(6)创造和维护良好的仓储环境,做到库内通风、整洁,安全设施齐全,通道畅通,环境卫生达到"5S"标准;安全措施符合消防要求。

2. 配件入库管理

(1)配件的入库。仓库管理员须配合质量部等其他部门根据检验合格证内容对入库物资的规格、数量、质量逐一进行验证。

(2)对于有包装的到货物资,要将包装物拆除后清点,成套机电设备(包括附件)要按件进行认真、准确清点。

(3)关键件和安全件的标识内容必须包括进货批次、进货日期。

(4)质量不合格物资严禁入库,发现问题及时向上级汇报。

(5)仓管员在物资入库时,对物资名称、型号等必须保证齐全正确,同种物资不同型号分入不同账。

(6)实物与送货单不相符的物资一律不得办理入库手续,仓库管理员要及时反馈进货相关人员,并报上级主管。

3. 配件仓库管理

(1)按配件、附件类别建立电脑台账。根据《到货清单》认真核对,防止错、漏、缺、锈蚀品入库。仓库管理员对入库配件的数量和质量负责。配件、附件的账面数任何人不得涂改,更不得销毁,保证任何时候账物相符。

(2)配件、附件入库必须经仓管员验证,做好记录,并分别将其放置在合理位置。

(3)仓库内所有配件应有相应标识,并置于明显位置,易于识别,配件标识应牢固、可靠。

(4)仓管员应依据《入库单》《领料单》等有效凭证记录配件出入库和库存情况,做好登记,每月做好月报表报配件主管和财务室。

(5)仓库重地禁止无关人员擅自进入,更不允许无关人员私自提取配件附件。

(6)仓管员应对配件进行日常巡检,每季抽检配件质量情况,发现不合格品应及时向配件主管汇报处理。发现账物不符应查明原因,及时调整,确保账物相符。

(7)仓库内严禁烟火,按消防规定配置消防器材,经常检查消防器材的有效性。

(8)配件实行"先进先出"原则。对将要或已超过储存期的配件应由仓管员及时出具清单向配件主管汇报,配件主管应及时进行验证、评审和处理。

(9)做好仓库的卫生工作,做到文明、清洁、整齐、标志明显、过道畅通,达到"5S"标准。

(10)每年底进行一次清仓盘点工作,将盘点报告及时上报财务室和总经理核批。

(11)塑料件、橡胶件、油漆等有质保期的配件应规定储存期限。规定橡胶件保存期为5年,塑料件保存期为3年,油漆原料保存期为2年。

4. 配件发放管理

(1)配件发货交付:仓库管理员凭《领料单》,按"先进先出"的原则进行发货。

(2)所有的配件发货都必须与领料员核对名称的规格、型号、包装、数量、质量状况,由领料员签字确认后方可出库。

(3)仓库管理员都必须妥善保管所有《领料单》,不得丢失。《领料单》的保存期限为1年。

5. 旧件回收管理

(1)维修旧件由配件部负责回收和报废处理。

(2)配件部对维修旧件(不包括易损件、覆盖件)进行标识,并放置在规定区域,防止非预期使用。

三、配件索赔

(一)汽车配件质保处理流程

1. 汽车配件失效的形式

1)磨损

零件摩擦表面的金属在相对运动过程中不断损耗的现象称为磨损,它包括物理的、化学的、机械的、冶金的综合作用。磨损的发生将造成零件形状、尺寸及表面性质的变化,使零件的工作性能逐渐降低。

2)腐蚀

金属零件的腐蚀是指表面与周围介质起化学或电化学作用而发生的表面破坏现象。腐蚀损伤总是从金属表面开始,然后或快或慢地往里深入,并使表面的外形发生变化,出现不规则形状的凹痕、斑点等破坏区域。腐蚀的结果使金属表面产生新物质,时间长了将导致零件被破坏。

3)穴蚀

穴蚀是一种比较复杂的破坏现象,它是机械、化学、电化学等共同作用的结果。当液体中含有杂质或磨料时会加速破坏过程。穴蚀常发生在柴油机缸套的外壁、水泵零件、水轮机叶片、液压泵等处。

4)断裂

断裂是零件在机械力、热、磁、声响、腐蚀等单独或联合作用下,发生局部开裂或分成几部分的现象。断裂是金属材料在不同情况下,当局部裂纹发展到零件裂缝尺寸时,剩余截面所承受的外载荷超过其强度极限而导致的完全断裂。断裂是零件使用过程中的一种最危险的破坏形式。断裂往往会造成重大事故,产生严重后果。

5) 变形

零件变形,特别是基础零件变形,使零部件之间的相互位置精度遭到破坏,影响了各组成零件之间的相互关系。在高科技迅速发展的今天,变形问题将越来越突出,它已成为维修质量低、大修周期短的一个重要原因。

6) 疲劳断裂

零件在交变载荷的作用下,产生应力集中,经过长时间的应力反复循环作用发生的断裂现象称为疲劳断裂。疲劳断裂是汽车配件累积损伤的过程,是零件失效的形式之一。

2. 质保处理方法

1) 质量保修索赔期

目前关于汽车消费权利规定最周全的《家用汽车产品修理、更换、退货责任规定》(简称汽车产品"三包"制度)仍然处于"草案"状态,但是,国内汽车生产商都各自规定了产品质量问题索赔期,一般为 1~2 年。其中发动机、变速器等汽车"大件"的质量纠纷目前比较少。按照一些汽车制造厂商的规定,车辆上的灯泡、制动摩擦片、"三滤"以及轮胎等易损件的质量担保期都很短,而且在正常损耗范围内不予索赔。因此,用户在易损件出现问题时应该及时到特约服务站进行检查,以免超过索赔期限。如果易损件是使用中的正常损耗,特约服务站不能给予赔偿。

用户自行付费且在服务站更换的零部件或总成,在保修索赔范围内出现质量故障,这类索赔情况属于配件索赔。提出这类配件索赔,必须在索赔申请表后附带购件发票的复印件。换件修复后还需要在更换配件的付费发票备注栏内,如实写明当时车辆已经行驶的公里数。

不同车型的质量担保期不同,不同零部件的质量担保期也不同,具体情况用户可参照使用说明书或向特约服务站咨询。

配件保修索赔期规定为:

(1) 在整车保修索赔期内由特约服务站免费更换安装的配件,其保修索赔期为整车保修索赔期的剩余部分,即随整车保修索赔期结束而结束。

(2) 由用户付费并由特约服务站更换和安装的配件,从车辆修竣客户验收合格日和公里数算起,其保修索赔期为 12 个月或 40000km(两条件以先达到为准)。在此期间,因为保修而免费更换的同一配件的保修索赔期为其付费配件保修索赔期的剩余部分,即随付费配件的保修索赔期结束而结束。

特殊零部件保修索赔期按照特殊零部件质量担保期执行,如表 5-7 所示。

特殊零部件保修索赔期的规定　　　　表 5-7

类别	质量担保期	质量担保项目
A 类	3 个月或者 5000km	空气滤清器滤芯、机油滤清器、燃油滤清器、火花塞、雨刷胶条、轮胎、灯泡
B 类	6 个月或者 1 万 km	传动皮带、制动盘、制动摩擦片、离合器片
C 类	1 年或者 3 万 km	所有表面镀层和喷涂的零部件因材料本身差异、发生化学反应或附着力差导致的锈蚀、腐蚀、剥落、变色等缺陷(在含酸、碱、盐化工行业地区行驶的车辆除外)
		各类橡胶制品、真皮制品、玻璃制品因材料制造缺陷造成的脱层、炫目、褪色、裂纹或断裂(不包括灯泡、刮水器胶条、轮胎)

续上表

类别	质量担保期	质量担保项目
D类	1万km	装配、调整问题引发的故障
E类	6个月	蓄电池

2) 保修索赔的前提条件

(1) 必须是在规定的保修索赔期内。

(2) 用户必须遵守《保修保养手册》的规定,正确驾驶、维护、存放车辆。

(3) 所有保修服务工作必须由汽车制造厂设在各地的特约服务站实施。

(4) 必须是由特约服务站售出并安装或原车装在车辆上的配件,方可申请保修。

3) 保修索赔范围

(1) 在保修索赔期内,车辆正常使用情况下,为修复整车或配件发生的质量故障所花费的材料费、工时费,属于保修索赔范围。

(2) 在保修索赔期内,车辆发生故障无法行驶,需要特约服务站外出抢修,特约服务站在抢修中的交通、住宿等费用属于保修索赔范围。

(3) 汽车制造厂为每一辆车提供两次在汽车特约服务站免费维护的机会,两次免费维护的费用属于保修索赔范围。其中免费维护项目如表5-8所示。

免费维护项目　　　　表5-8

2000km免费维护项目	6000km免费维护项目
更换机油及机油滤清器	更换机油及机油滤清器
检查传动皮带	检查冷却液
检查空调暖风系统软管和接头	检查冷却系软管及卡箍叮
检查冷却液	检查通风软管和接头
检查冷却系软管及卡箍	清洗空气滤清器滤芯
检查通风软管和接头	检查油箱盖、油管、软管和接头
清洗空气滤清器滤芯	检查排气管和安装支座
检查油箱盖、油管、软管和接头	检查变速器、差速器油
检查制动液和软管	检查制动液和软管,必要时添加制动液
检查、调整驻车制动器	检查、调整驻车制动器
检查轮胎和充气压力	检查、调整前后悬架
检查灯、喇叭、刮水器和洗涤器	检查、调整底盘和车身的螺栓和螺母
	检查动力转向液,必要时添加
	检查轮胎和充气压力
	检查灯、喇叭、刮水器和洗涤器
	检查空调/暖风
	检查空调滤清器

4)不属于保修索赔的范围

(1)汽车制造厂特许经销商处购买的每一辆汽车都随车配有一本保修维护手册,该手册须盖有售出该车的特许经销商的印章,以及购车客户签名后方可生效。不具有该手册,或该手册上印章不全或发现有擅自涂改该手册情况的,汽车特约服务站有权拒绝客户的保修索赔申请。

(2)车辆正常例行维护和车辆正常使用中的损耗件不属于保修索赔范围,如:

①润滑油、机油和各类滤清器;

②火花塞;

③制动摩擦片、离合器片;

④清洁剂和上光剂等;

⑤灯泡;

⑥轮胎;

⑦刮水器片。

(3)因不正常维护造成的车辆故障不属于保修索赔范围。汽车制造厂的每一位用户应该根据《保修维护手册》上规定的维护规范,按时到汽车特约服务站对车辆进行维护。如果车辆因为缺少维护或未按规定的维护项目进行维护而造成的车辆故障,不属于保修索赔范围(如未按规定更换变速器油而造成变速器故障,特约服务站有权拒绝用户的索赔申请)。同时汽车特约服务站有义务在为用户每次作完维护后记录下维护情况(记录在用户的《保修维护手册》规定位置,盖章),并提醒用户下次维护的时间和内容。

(4)车辆不是在汽车制造厂授权服务站维修,或者车辆安装了未经汽车制造厂售后服务部门许可的配件,不属于保修索赔范围。

(5)用户私自拆卸更换里程表,或更改里程表读数的车辆(不包括汽车特约服务站对车辆故障诊断维修的正常操作)不属于保修索赔范围。

(6)因为环境、自然灾害、意外事件造成的车辆故障不属于保修索赔范围(如酸雨、树汁、沥青、地震、冰雹、水灾、火灾、车祸等)。

(7)因为用户使用不当,滥用车辆(如用作赛车)或未经汽车制造厂售后服务部门许可改装车辆而引起的车辆故障不属于保修索赔范围。

(8)间接损失不属于保修索赔范围。因车辆故障引起的经济、时间损失(如租赁其他车辆或在外过夜等)不属于保修索赔范围。

(9)由于特约服务站操作不当造成的损坏不在保修索赔范围,同时特约服务站应当承担责任并进行修复。

(10)在保修索赔期内,用户车辆出现故障后未经汽车制造厂(或汽车特约服务站)同意继续使用而造成进一步损坏,汽车制造厂只对原有故障损失(须证实属产品质量问题)负责,其余损失由用户承担。

车辆发生严重事故时,用户应保护现场,并应保管好损坏零件,但不能自行拆卸故障车。经汽车制造厂和有关方面(如保险公司等)鉴定事故原因后,如属产品质量问题,汽车制造厂将按规定支付全部保修及车辆拖运费用;如未保护现场或因丢失损坏零件以致无法判明事故原因,汽车制造厂不承担保修索赔费用。

5)索赔旧件的管理
(1)索赔旧件处理规定:
①被更换下来的索赔旧件的所有权归汽车制造厂所有,各特约服务站必须在规定时间内按指定的方式将其运回汽车制造厂索赔管理部。
②更换下来的索赔件应挂上"索赔旧件悬挂标签",保证粘贴牢固并按规定填写好该标签,零件故障处需要详细填写,相关故障代码和故障数据也须填写完整。索赔旧件悬挂标签由汽车制造厂索赔管理部统一印制,特约服务站可以向索赔管理部申领。
③故障件的缺陷、破损部位一定要用红色或黑色不易脱落的颜料或记号笔作出明显标记。
④应尽可能保持索赔旧件拆卸下来后的原始故障状态,一些规定不可分解的零件不可擅自分解,否则将视作该零件的故障为拆卸不当所致,不予索赔。
⑤旧机油、变速器油、制动液、转向机用油、润滑油脂、冷却液等不便运输的索赔旧件无特殊要求不必运回,按当地有关部门规定自行处理(应注意环保)。
⑥在规定时间内将索赔旧件运回。回运前索赔员需要填写《索赔件回运清单》,注明各索赔旧件的装箱编号。索赔旧件必须统一装箱,箱子外部按规定贴上《索赔旧件回运装箱单》并把箱子封装牢固。
⑦汽车制造厂索赔管理部对回运的索赔旧件进行检验后,对存在问题的索赔申请将返回或取消。
⑧被取消索赔申请的旧件,各特约服务站有权索回,但须承担相应运输费用。
(2)索赔旧件悬挂标签的填写与悬挂要求:
①应在悬挂标签上如实填写所有内容,保证字迹清晰和不易褪色。
②如果遇到特殊索赔,在悬挂标签备注栏内一定要填写授权号。
③所有标签应该由索赔员填写并加盖专用章。
④保证一物一签,物和签要对应。
⑤悬挂标签一定要固定牢固。无法悬挂的,则用透明胶布将标签牢固粘贴在索赔件上,同时保证标签正面朝外。
(3)索赔件的清洁和装运要求:
①发动机、变速器、转向机、制动液罐等内部的油液全部放干净,外表保持清洁。
②更换下来的索赔旧件必须统一装箱,即相同索赔件集中装在同一包装箱内,并且在每个包装箱外牢固贴上该箱索赔件的《索赔旧件回运装箱单》,注明装箱号与索赔件的零件号、零件名称和零件数量,在规定时间由物流公司返运到汽车制造厂索赔管理部。
③各个装箱清单上的索赔件种类和数量之和必须与《索赔件回运清单》上汇总的完全一致。
④《索赔件回运清单》一式三联,经物流公司承运人签收后,第一联由特约服务站保存,第二联由物流公司保存,第三联由物流公司承运人交索赔管理部。

3. 索赔处理程序
1)汽车特约服务站的保修索赔工作流程
汽车制造厂家对其所属的汽车特约服务站的配件索赔管理规定有下列几种情况:

（1）因配件价格错误产生的索赔与配件分部销售人员联系。

（2）配件索赔一般应有《配件分部配件索赔申请单》、照片、运输商提供的货损证明等，才能办理配件索赔。

（3）配件索赔件在未得到要求发回或销毁前，一律放在配件仓库索赔区的货架上，并应有明显的索赔件标签。

汽车特约服务站在接受用户的保修索赔要求时，遵照图 5-28 所示工作流程进行。

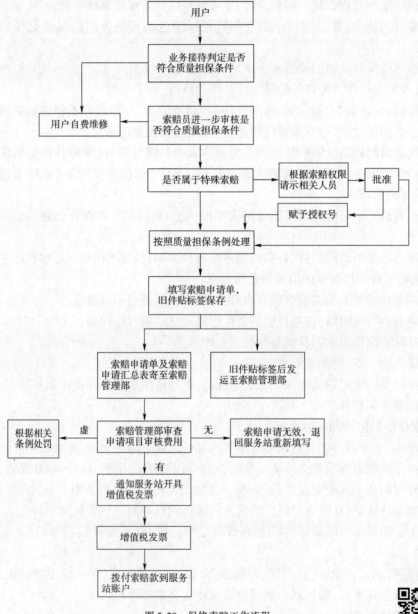

图 5-28　保修索赔工作流程

具体工作流程如下：

①用户至特约服务站报修。

②业务员根据用户报修情况、车辆状况及车辆维护记录,预审用户的报修内容是否符合保修索赔条件(特别要检查里程表的工作状态),如不符合请用户自行付费修理。

③把初步符合保修索赔条件的车辆送至保修工位,索赔员协同维修技师确认故障点及引起故障的原因,并制定相应的维修方案和审核是否符合保修索赔条件。如不符合保修索赔条件通知业务员,请用户自行付费修理。

④索赔员在确认用户车辆符合保修索赔条件后,根据情况登记车辆相关数据,为用户分类提交索赔申请。特殊索赔需事先得到汽车制造厂索赔管理部审批通过,然后及时给予用户车辆保修赔偿。

⑤保修结束后,在索赔件上挂上"索赔旧件悬挂标签",送入索赔旧件仓库统一保管。

⑥索赔员每天要统计当天的索赔申请,填写《索赔申请表》。

⑦每月一次在规定时间内向汽车制造厂索赔管理部提交《索赔申请表》。

⑧索赔员每月一次在规定时间,按规定包装索赔件(见索赔件处理规定),由第三方物流负责运回汽车制造厂索赔管理部。

⑨经汽车制造厂索赔管理部初步审核不符合条件的索赔申请将予以返回,索赔员根据返回原因立即修改,下次提交索赔申请时一起提交,以待再次审核。

⑩汽车制造厂索赔管理部对符合条件的索赔申请审核完成后,将索赔申请结算单返给各特约服务站,特约服务站根据结算单金额向汽车制造厂索赔管理部进行结算。

2)索赔申请单及填写方法

需要申请索赔的质量保修项目,必须填写索赔申请单,若公司要求传真给市场开发部售后服务分部,则待批准后实施。一般情况下,公司应尽快予以答复,对于重大质量故障问题,最迟在收到配件保修鉴定单后两个工作日内给予答复。

(1)《配件索赔申请单》的填写要求。

①《配件索赔申请单》由经销商配件计划员填写,要完整、清晰、真实,否则汽车制造厂配件部概不受理,后果由经销商自负。

②《配件索赔申请单》应附有简要说明和必要照片,经销商领导签字并加盖公章,经汽车制造厂配件部有关人员核实无误,配件科科长签字后,方可生效,予以索赔。

③《配件索赔申请单》中的申请单编号书写格式:

a. SP ×× 01,SP 索赔两字的拼音字头;

b. ×× 年份;

c. 01 批次。

配件科收单人: 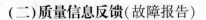 女士/先生。

(2)《配件索赔申请单》样式,如图 5-29 所示。

(二)质量信息反馈(故障报告)

故障报告是配件厂方获得使用质量信息的最重要来源,在技术上比起索赔申请报告更能准确地反映情况,并且信息反馈速度快。通过维修站获取质量反馈信息是最为简便、快捷的方法。通过分析和总结反馈信息,将有助于供货厂家对产品设计做出更改或是在售后服务领域内采用新的故障解决方法。

《配件索赔申请单》

单位名称：　　　　　　　单位代码：758

领导签字/盖章：　　　申请单编号：SP

填单日期：　年　月　日

申请方式
1-多发补款　2-欠货补发
3-多发退货　4-欠货退款
5-错发退回　6-不合格件退回

第　页　共　页

序号	配件号	配件名称	订货日期	发货清单号	订货数量	发货数量	到货差异	错发数量	质量不合格数量	单价（元）	原发货方式	申请方式123456	备注
	LICD807217CRU			0012212	4	3	1						

仓库管理员签字：　　　　　仓库主任签字：　　　　　配件科科长签字：

年　月　日　　　　　　　年　月　日　　　　　　　年　月　日

图 5-29　配件索赔申请单

所有的质量问题均应填写故障报告，并在规定时间内与供货厂家联系。如××汽车厂要求故障报告直接寄往××汽车厂售后服务科，每星期至少一次，以尽量避免时间上的损失。准确、及时的故障报告信息，同时也是向各维修站发放"技术信息"的信息来源和基础。

1. 重大故障报告

各特约服务站在日常工作中如遇到重大的车辆故障，必须及时、准确、详尽地填写《重大故障报告单》（表5-9），立即传真至汽车制造厂索赔管理部，以便汽车制造厂各部门能及时作出反应。重大故障包括：影响车辆正常行驶的，如动力系统、转向系统、制动系统的故障；影响乘客安全的，如主、被动安全系统故障，轮胎问题，车门锁止故障等；影响环保的故障，如排放超标、油液污染等。

重大质量问题反馈报告　　　　　　　　　　　　　　表 5-9

经销商代码：758□□□			
经销商联系人：　　　联系电话：　　　服务传真：			
用户单位		用户姓名	
地址			
车型		底盘号		发动机号	
领证日期		里程数		变速器号	
故障现象：			

续上表

故障分析结果(必要时提供有关数据、图示及照片):				
用户态度及要求:				
经销商处理建议:				
	鉴定人:	站长:	日期:	站章:
现场代表处理意见:				
		处理人:		日期:
服务科经理意见:				
		经理:		日期:
是否要求经销商立即运返该索赔件:				
		是:□ 否:□		日期:
经销商传真后服务科日期: 年 月 日 售后服务科回传服务站日期: 年 月 日 售后服务科回传负责人:				

2.常见故障报告和常见故障避免意见

各特约服务站应坚持在每月底对当月进厂维护的所有车辆产生的各种故障进行汇总，统计发生频率最高的10项故障点或故障零件，并对其故障原因进行分析，提出相应的故障避免意见。各站需在每月初向汽车制造厂索赔管理部提交上月的常见故障报告(表5-10)和常见故障避免意见。

常见故障反馈报告　　　　　　　　　　　　　　　　　　　　　　表5-10

经销商名称:		经销商代码:758□□□	
故障件名称		车型	
制造厂代码及数量	制造厂代码(1)	数量	
	制造厂代码(2)	数量	
	制造厂代码(3)	数量	
故障大量出现起始时间			
发生故障平均行驶里程			
用户状况百分率 (％)	公车		
	出租车		
	私车		

续上表

故障描述：			
		报告人：	
		报告日期：	
经销商联系人：		经销商站章：	
联系电话：			
联系传真：			
注：本报告记录集中批量出现大的质量问题，服务站将该报告以传真发出后，需即刻将索赔件寄往售后服务科，并注以特殊说明。			

3. 用户质量信息反馈表

各特约服务站应在用户进站维修、电话跟踪等与用户交流过程中，积极听取用户对汽车制造厂的意见，并作相应记录。意见包括某处使用不便、某处结构不合理、某零件使用寿命过短、可以添加某些配件、某处不够美观等。各站需以季度为周期，在每季度末提交用户情况反馈表（表5-11）。

用户质量信息反馈表　　　　　　　　　　表5-11

经销商代码		年　月　日　第　号	
经销商名称		联系人	
联系人电话		联系人传真	
对方联系人或部门			
主题			
反馈的信息内容			
		经销商印章：	
		领导签字：	

为了尽快找出损坏的原因，在填写故障报告时，应将损坏件保存起来。

在质量担保期内，如果车辆的零部件确实出现质量问题，厂家的特约服务站一般都会给予索赔，所以，用户一旦在索赔问题上与特约服务站出现分歧时，应该冷静地协商解决。汽车制造厂商都有热线服务电话，用户可以拨打这些电话如实地说明情况，一般都会得到满意的答复。

如果通过上面的途径问题仍得不到解决，用户也可以到当地消费者协会投诉，请消协出面进行协调。如果消协不能使纠纷双方达成调解协议，用户可以向当地的法院提起诉讼。

(三)配件报损管理办法及申报流程

1. 报损配件

报损配件是指已经损坏或有质量问题或由于车型淘汰不能继续销售的在账配件，且不能进行三包索赔、退货和修复处理。

2. 报损配件的确认

在日常经营中产生、月度和季度盘点中清理出的已经损坏或有质量问题或由于车型淘汰不能继续销售的配件,必须经由服务经理、三包索赔主管、配件主管三方鉴定,确认不能进行三包索赔、退货和修复处理的配件方可作报损处理。

由于人为因素所造成的质量配件不予报损批示,损失由责任人和连带责任人承担。例如:可作三包、退厂或修复处理的配件,未能及时做相应处理而导致过期无法处理,或由于维修工操作不当、保管员保管不善所造成的配件损坏。

3. 报损配件的申报

各分子公司在每季度的配件库存全面清点工作中,将需报损的配件整理、确认后,填制《报损配件明细表》(表5-12),并填写《配件报损申请单》(表5-13),上报服务部配件主管;服务部配件主管鉴定审核后进入《配件报损申报流程》(图5-30)。

报损配件明细单(样表)　　　　　　　　　　　　　　　　表5-12

编码	名称	单位	数量	单价	金额	供货厂家	发生时间	损坏原因
							小计	

申报单位:　　　　　　　　　申报时间:　　　　　　　　　申报人:

注:报损明细按供货单位分类。

配件报损申请单　　　　　　　　　　　　　　　　　　　　表5-13

填表人:

报损申请单位		报损申请日期	
报损原因	总经理:　　　　服务经理:　　　　配件经理(主管):		
服务部处理意见			
总裁处理意见			
董事会处理意见			
财务部处理意见			

4. 报损配件的处理方法

配件报损批准后,配件由申报单位暂作保管,以便服务部做进一步处理,申报单位不允许私自将报损配件丢弃、变卖。

5. 激励机制

为控制配件的报损量,减少公司的经营损失,各公司的总经理、服务经理、配件主管必须严格控制配件的进货计划,及时进行异常情况处理(包括运输损坏配件、短缺配件、质量件、错发配件向供应商的索赔)。

对于所发生的配件报损损失,损失的70%由该公司承担,总经理承担损失的10%,服务经理承担损失的10%,配件经理(主管)承担损失的10%。

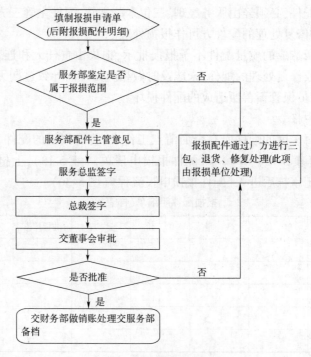

图 5-30　配件报损申报流程

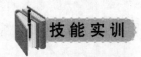

(一)任务下达

1. 不同类型配件的分区分类和货位编写

利用企业实习机会或学校实验室,对汽车配件进行分区分类和货位编写。要求有文字记录、相关影像资料。

2. 运用货物堆码技术进行配件库存保管

利用企业实习机会或学校实验室,对一批汽车配件进行堆码,了解不同的堆码方法。

3. 了解配件仓位的规划,学会摆放配件

利用企业实习机会或学校实验室,对一批汽车配件进行料位码设计,并正确摆放配件。

4. 对库存配件进行盘点

利用企业实习机会或学校实验室,对库存配件用不同方法盘点,并进行记录。

5. 走访汽车配件相关企业,了解企业如何处理配件质保问题

要求有文字记录、相关影像资料。

(二)任务实施

以小组形式展开,分工明确,并采用角色扮演法在课堂上展示。同时,注意观察其他组展示情况,并将所见所闻进行记录。

(三)任务评价

(1)通过本任务的学习你认为自己是否已经掌握了相关知识并掌握了基本操作技能。
(2)实训过程每一任务完成情况评价,完成程度。
(3)在完成每次任务的过程中,你和同学之间的协调能力是否得到了提升?
(4)通过本任务的学习,你认为自己在哪些方面还需要深化学习并提升岗位能力?

模块小结

汽车配件仓储保管模块的学习主要从配件出入库管理、配件库存管理和配件索赔三个方面进行介绍。配件出入库管理介绍了配件入库管理流程、汽车配件分区分类和货位编写、货物堆码技术和配件出库管理流程等内容。配件库存管理流程介绍了配件仓库的布置要求和仓库结构分类,配件仓位规划中料位码的编制和读取,汽车配件盘存的内容、方式以及配件盘点结果的申报,汽车商品养护、配件仓库管理制度等内容。配件索赔介绍了汽车配件质保处理流程、质量信息反馈、配件报损管理办法及申报流程等内容。

思考与练习

(一) 单项选择题

1. 入库管理流程中( )根据配件本身性能特点,要安排适当货位放置配件。
   A. 入库搬运　　B. 安排货位　　C. 归堆建卡　　D. 入库登记
2. 配件备好以后,一定要认真( )。
   A. 堆码　　　　B. 装箱　　　　C. 复核　　　　D. 发运
3. ( )是仓库的主体部分,是汽车配件储存放置的主要场所。
   A. 配件存储区　B. 卸货区　　　C. 行政管理区　D. 理货区
4. 汽车配件( )是保证储存货物达到"账、物、卡"完全相符的重要措施之一。
   A. 数量盘点　　B. 盘点　　　　C. 抽查　　　　D. 料位码读取
5. ( )由仓库主管领导会同仓库保管员按月、季、年度,对库存商品进行一次全面的清查盘点。
   A. 日常盘点　　B. 临时盘点　　C. 定期盘点　　D. 循环盘点

(二) 判断题

1. 配件入库搬运的第一步要求是安排货位。　　　　　　　　　　　　　　( )
2. 粗、重、长、大的配件,宜存放在库房深处。　　　　　　　　　　　　( )
3. 汽车配件仓库保管账簿应不定期与业务部门的汽车配件账簿互相进行核对。( )
4. 化学易燃品、易自燃品或危险品应在符合要求的专库内存放。　　　　　( )
5. 不同车型的质量担保期不同,不同零部件的质量担保期也不同。　　　　( )

(三) 简答题

1. 货物堆码技术要求有哪些?
2. 出库流程包括哪些方面?

3. 料位码编制原则有哪些?
4. 常用的盘点方式有哪几种?

思考与练习答案

(一)单项选择题

1. B 2. C 3. A 4. B 5. C

(二)判断题

1. × 2. × 3. × 4. √ 5. √

(三)简答题

略。

模块六　汽车配件销售实务

学习目标

1. 掌握汽车配件的销售特征和销售方式；
2. 了解互联网汽配的五种经营模式；
3. 了解汽配产品广告宣传媒体形式,会制定汽车配件产品的销售促进方案；
4. 懂得接待客户的礼仪并灵活运用；
5. 掌握汽车配件产品推介方法,会利用费比模式介绍配件产品。

建议课时

12 课时。

随着人们生活水平的提高,人们对汽车的消费也越来越多,汽车配件市场变得越来越大。汽车配件产业的发展不仅仅是规模数量的攀升,更重要的是产业的升级,以及随之而来的持续发展能力。在汽车产业发展中,汽车配件销售工作变得更为重要。

一、汽车商品流通知识

(一)我国汽车配件的流通形式

1.汽车配件销售的特征

汽车配件销售与一般商品销售相比较,有以下特征。

1)较强的专业技术性

现代汽车是融合了多种高新技术的集合体,其每一个零部件都具有严格的型号、规格、工况标准。要在不同型号汽车的成千上万个零件品种中为顾客精确、快速地查找出所需的配件,就必须有高度专业化的人员,并由计算机管理系统作为保障。从业人员既要掌握商品营销知识,又要掌握汽车配件专业知识、汽车材料知识、机械识图知识,学会识别各种汽车配件的车型、规格、性能、用途以及配件的商品检验知识。

2)经营品种多样化

一辆汽车在整个运行周期中,约有3000种零部件存在损坏和更换的可能,所以经营某一个车型的零配件就要涉及许多品种规格的配件。即使同一种品种规格的配件,国内有许多厂在生产,质量、价格差别很大,甚至还存在假冒伪劣产品,要为用户推荐货真价实的配件,也不是一件很容易的事。

3)经营必须有相当数量的库存支持

由于汽车配件经营品种多样化以及汽车故障发生的随机性,经营者要将大部分资金用于库存储备和商品在途资金储备。

4)经营必须有服务相配套

汽车是许多高新技术和常规技术的载体,经营必须有服务相配套,特别是技术服务至关重要。相对于一般生活用品而言,配件销售更重要的是要依靠知识和服务。

5)配件销售的季节性

汽车配件销售市场随季节的不同而有不同的需求。在春雨绵绵的季节里,为适应车辆在雨季行驶,需要车上的雨布,各种风窗玻璃、车窗升降器、电气刮水器、刮水管及片、挡泥板、驾驶室等部件的需要就特别多。在热浪滚滚的夏季和早秋季节,因为气温高,发动机机件磨损大,火花塞、汽缸垫、进排气门、风扇皮带及冷却系部件等需求特别多。在寒风凛冽的冬季,气温低,发动机难起动,对蓄电池、预热塞、起动机齿轮、飞轮齿环、防冻液、百叶窗、各种密封件等配件的需求就增多。由此可见,自然规律给汽车配件市场带来非常明显的季节需求趋势。调查资料显示,这种趋势所带来的销售额占总销售额的30%~40%。

6)汽车配件销售的地域性

我国国土辽阔,有山地、高原、平原、乡村、城镇,并且不少地区海拔高度悬殊。这种地理环境,也给汽配销售市场带来地域性的不同需求。在城镇,特别是大、中城市,因人口稠密、物资较多、运输繁忙,汽车起动和停车次数较频繁,机件磨损较大,其所需起动、离合、制动、电器设备等部件的数量就较多。如一般省会城市,其公共汽车公司、运输公司的车辆,所需离合器摩擦片、离合器分离杠杆、前后制动片、起动机齿轮、飞轮齿环等部件一般就占上述各系品种总销售额的40%~50%。在山地高原,因山路多、弯道急、坡度大、颠簸频繁,汽车钢板弹簧就易断、易失去弹性,减振器部件也易坏,变速器件、传动部件易损耗,需要更换总成件也较多。由此可见,地理环境给汽配销售市场带来非常明显的影响。

2. 分销渠道的类型

1)经销中间商

汽车配件的经销中间商为批发商、零售商和其他销售商等,他们承担着商品流通职能,是汽车配件经销的主体。

从当今汽车配件市场发展趋势看,批发商和零售商的经营职能互相融合,成为批发兼零售的形式。

2)代理中间商

代理中间商专门介绍客户或与客户磋商交易合同,但并不拥有商品的持有权。例如,代理人可以到各地去寻找零售商,根据取得订货单的多少获得佣金,但代理商本人并不购买商品,而由制造商直接向零售商发货。

这种形式具有信息灵、联系面广、生产企业控制力强、专业性强等特点。但是,它也有灵活性差、委托者担负经营风险和资金风险等缺陷,而且,在现阶段要寻找到符合要求的代理商很困难。于是就产生了代理制的过渡形式——特约经销商。这种方式适用于远距离销售,在制造商影响力较弱而产品又具有一定市场的地区最为适宜。

3) 超市连锁

超市连锁是新兴的汽车配件销售渠道,而先进的具有中国特色的汽配城的出现,又为中国汽配行业的发展开拓了新的思路。

如今,汽配市场规模化的潮流使中国各地出现了一个又一个的汽配城。汽配城在形式上,将以前分散的汽车配件经销商聚集在一起进行交易,使汽车配件市场向标准化经营迈进了一步。资源相对集中,为进行有组织地配送、培训等"一条龙"服务奠定了物质基础。另外,还可以利用其网络优势和信息优势,采用电子商务手段。电子商务可以提升汽配城的经营水准,进一步扩大汽配城的区域效应,更有效地配置资源,使汽配城在原有功能基础上,成为全国范围内的地区性的配送中心和服务中心,更好地为商家、为客户提供便利的标准化服务。

4) 网络化营销

网络营销是利用网络资源展开营销活动,是目标营销、直接营销、分散营销、顾客导向营销、双向互动营销、远程或全球营销、虚拟营销、无纸化交易、顾客参与式营销的综合。其实质是利用互联网的技术和功能,通过信息的交互式流动,在虚拟的市场中实现交易。上网企业可以利用互联网,以很低的成本进行国内外商品信息的查询;对网上目标顾客进行产品测试与满意调查,让顾客自行设计产品,满足个性化需求;可在网上发布有关信息,进行广告、促销活动;可利用网络渠道进行直接的网上交易(主要是诸如电脑软件、电子图书、电子资料库等电子化产品,有的可使用电子货币),或配合传统的送货上门、结算完成交易过程;也可通过网络提供各种售后服务,建立顾客档案,与顾客进行一对一的双向互动沟通。由于渠道缩短,业务人员及管理人员的减少,企业内外部虚拟组织(如虚拟橱窗布置、虚拟商品、虚拟经销商、虚拟业务代表)的采用而导致的经理、代理及分店、门市数量的减少或消失,"按单制造、及时送货"所带来的库存成本及风险的减少,交易过程简化所带来的高交易效率与低交易成本,势必会大大降低营销成本,提高营销效率、质量和效益。

3. 汽车配件的销售方式

1) 零售

相对整车而言,汽车配件的零售形式要丰富得多。从零售店经营的产品品种数目看,有三种零售形式。

(1) 专营店。专营店也叫专卖店。这种配件销售店专门经营某一个汽车公司或某一种车型的汽车配件。国外多数汽车公司的配件都实行专卖。专卖店要么属于汽车公司,要么同汽车公司(或其他经销站、代理商)是合同关系。

(2) 混合店。这种配件销售店,一般直接从各生产厂家或汽车公司进货,经营品种涉及各个汽车厂家各种车型的配件。

(3) 超级市场。这种市场不仅规模大、品种全、价格合理、知名度高,而且还从事批发业务,这类市场的辐射力很强,形成以超级市场为中心的经营网络。例如,上海汽车工业零部件总汇,堪称为国内第一流的汽车配件经销店。

从零售店的集中程度看,有两种零售形式:

① 散店。这类汽车配件零售店一般分散在各个地方,周围可能只此一家汽车配件经

销店。

②汽车配件一条街。这种一条街在我国许多城市都存在,一般位于较有影响的配件批发商附近,或在汽车贸易公司或汽车企业销售机构附近的地区。

从零售店的综合程度来看,多数零售店只是经营汽车或摩托车配件以及相关五金工业品,但也有综合性很强的大型零售店,有些类似于超级市场。这类大型店提供的服务不仅是经营各类汽车配件,还向客户提供加油、娱乐等多种服务。

2) 门市连锁店

从零售店的经营权看,一般零售店都是独立的,但有一类称为"连锁店"。这类汽车配件经销店一般同汽车配件主渠道汽车配件公司连锁,由汽车配件公司对其进行规划、管理、技术指导、提供信息,并优惠供应配件。连锁店可以挂汽车配件公司牌子,但必须从汽车配件公司进货。

一个较大的汽车配件销售企业往往在一个地区设立几个门市部或跨地区、跨市设立门市部。在有多个门市部时,相互间的分工至关重要。有的按车型分工,如经营解放、东风或桑塔纳、捷达、奥迪配件等;有的各个门市部实行综合经营,不分车型;也有的二者兼有,即以综合经营为基础,各自又有一两个特色车型。

(1) 门市销售的柜组分工方式。

在一个门市部内部各柜组的经营分工,一般有两种方式:一种是按品种系列分柜组,另一种是按车型分柜组。

①按品种系列分柜组。经营的所有配件,不分车型,而是按部、系、品名分柜组经营,如经营发动机系配件的柜组,叫发动机柜组;经营通用工具及通用电器的柜组,叫通用柜组。

这种柜组分工方式的优点是比较适合专业化分工的要求。因为汽车配件的系统是按照配件在一部整车的几个构成部分来划分的,如分为发动机系、离合变速系、传动轮轴系等比较能够结合商品的本质特点;或将金属机械配件归为一类,化学件归为一类,电器产品归为一类,这种划分方式有利于经营人员深入了解商品的性能特点、材质、工艺等商品知识。汽车配件品种繁多,对于营业员来说,学会其经营的那部分配件品种的商品知识,比学会某一车型全部配件的商品知识要容易得多,这样能较快地掌握所经营品种的品名、质量、价格及通用互换常识。尤其在进口维修配件的经营中,由于车型繁杂,而每种车型的保有量又不太多,因此按品种系列分柜组比较好。再就是某些配件的通用互换性,哪些品种可以与国产车型的配件通用,往往需要用户提供,有的则需要从实物的对比中得出结论。如果不按品种系列,而按车型经营,遇到上述情况,就有许多不便。

②按车型分柜组。按不同车型分柜组,如分成桑塔纳、富康、捷达、奥迪、东风、解放柜组等。每个柜组经营一个或两个车型的全部品种。

(2) 门市橱窗陈列和柜台货架摆放。

对汽车配件门市部来讲,陈列商品十分重要。通过陈列样品,可以加深顾客对配件的了解,以便选购。尤其对一些新产品和通用产品,更能通过样品陈列起到极大的宣传作用。

门市的商品陈列,包括橱窗商品陈列,柜台、货架商品陈列,架顶陈列,壁挂陈列和平地陈列等。

橱窗商品陈列是利用商店临街的橱窗专门展示样品,是商业广告的一种主要形式。橱窗陈列商品—要有代表性,体现出企业的特色,如主营汽车轮胎的商店,要将不同规格不同形状的轮胎巧妙地摆出来;二要美观大方,引人注目。

柜台、货架商品陈列,也叫做商品摆布,它有既陈列又销售、更换频繁的特点。柜台、货架陈列是营业员的经常性工作。商店中主要陈列汽车配件中的小件商品,如火花塞、皮碗、修理包、各类油封等,适合此类陈列方式。

架顶陈列是在货架的顶部陈列商品,特点是占用上部空间位置,架顶商品陈列的视野范围较高,顾客容易观看,这种方式一般适合相关产品,如机油、美容清洗剂等商品的陈列。

壁挂陈列一般是在墙壁上设置悬挂陈列架来陈列商品,适用于质量较轻的配件,如轮辋、皮带等。

平地陈列是将体积大而笨重、无法摆上货架或柜台的商品,在营业场地的地面上陈列,如蓄电池、发动机总成、离合器总成等。

商品陈列的注意事项:

①易于顾客辨认,满足顾客要求。要将商品摆得成行成列、整齐、有条理、多而不乱、易于辨认。

②库有柜有、明码标价。陈列的商品要明码标价,有货有价。商品随销随补,不断档、不空架,把所有待销售的商品展示在顾客面前。

③定位定量摆放。摆放商品要定位定量,不要随便移动,以利于营业员取放、盘点,提高工作效率。

④分类、分等摆放。应按商品的品种、系列、质量等级等有规律地摆放,以便于用户挑选。

⑤连带商品摆放。把使用上有联系的商品,摆放在一起陈列,这样能引起顾客的联想,具有销售上的连带效应。

(二)互联网汽配经营模式

随着互联网大潮的来袭,各类汽车后市场产品、服务互联网化都是发展的趋势。汽车配件作为汽车后市场的重要组成,吸引了千千万万的企业参与其中,很多零部件企业都在积极探索,希望通过互联网来实现传统企业的转型。目前,汽车零部件企业互联网经营主要有五种模式。

1. 投资入股

围绕"打造智能汽车生态园"的目标,亚太股份以基础制动及电子辅助制动领域的研发经验,结合汽车智能化、电动化的未来发展趋势,通过对钛马信息股权投资,加快环境感知、主动安全控制、移动互联的智能驾驶领域布局,向车联网技术延伸。2015年6月底,浙江亚太机电股份有限公司(简称"亚太股份")斥资8200万元入股钛马信息网络技术有限公司(简称"钛马信息"),获得钛马信息11.88%股权,为实现车联网与汽车智能驾驶技术的快速融合,同时进一步布局车联网和智能驾驶领域(图6-1)。

图6-1 浙江亚大股份与钛马信息合作协议签约仪式

钛马信息定位于车载移动互联网服务运营商,目前主要客户包括整车企业、汽车经销商、汽车租赁公司等,旗下"钛马星"车联网综合应用系统已经向市场推广。

面对"互联网+"的大趋势,汽车零部件企业要以全局眼光来理解、看清、看懂产业链上的每个节点,战略目标明确,找准企业定位,扎扎实实练功底,适时对外投资入股,整合上下游技术供应商,做一个汽车智能化技术的制造者。

2. 构建电子商务平台

在"互联网+"思维浪潮下,零部件企业的网络销售模式主要有两种:一种是企业自身搭建电子商务平台,另一种是依托第三方平台开设官方旗舰店或网店。轮胎企业是运用这两种模式的突出代表,纷纷通过开展线上+线下的网络销售模式。风神轮胎股份有限公司(简称"风神轮胎")是在这方面走在前面的企业。线上平台不仅在天猫与京东搭建了官方旗舰店,还在微信搭建了微商城。线下平台则创立了支持线上销售的售后服务品牌——爱路驰,消费者在线上购买轮胎,可以选择在就近的线下门店享受后期服务。

汽车零部件企业"触电"并非简单地在网络平台销售产品。鉴于汽车零部件产品的特殊性,汽车零部件电子商务模式未来能否发展壮大需要解决的是如何将电商渠道与传统渠道有机融合起来,用"零部件+诊断+服务"的解决方案将线上线下打通。

3. 投资并购

2015年6月23日,安徽中鼎密封件股份有限公司(简称"中鼎股份")称拟与上海田仆资产管理合伙企业(简称"上海田仆")共同发起设立田仆中鼎"互联网+"基金,该基金将聚焦包括汽车后市场O2O服务和消费产品、消费服务,帮助消费提升效率的互联网技术等领域进行投资并购,为中鼎股份在互联网领域进行业务拓展和做大做强汽车后市场业务服务。

尽管"互联网+"基金最终能否按规划实施要看资金最终的募集情况,但汽车零部件企业有这样的远见是好事。零部件企业已经意识到必须要用互联网思维来发展企业,不仅主动规划筹集资金,还有切实可行的落地项目。但需要注意的是,切莫把"互联网+"基金项目发展成筹资和投资的噱头。

4. 跨界合作

在跨界融合的时代,传统汽车零部件企业与新潮互联网公司合作是"互联网+"的很好体现,这种联姻是互惠互利的。零部件企业可以借助互联网公司的软件优势从容地与对手竞争,互联网公司也可借助零部件企业的关系拓展潜力巨大的车联网市场。

德尔福通过与百度合作将"Car-life"整合到德尔福的下一代车载互联信息娱乐平台中,整合了包括Carplay、Android Au-to、Mirror Link等多种最新的车载互联技术,并且可升级、可扩展,与更多车载互联平台进行整合,同时能帮助驾车者将车载系统与任何类型的移动设备在任何时间和任何地点实现无缝连接,实时共享导航、媒体、文本、电话等各种功能。

通过与百度Car-life深度合作,德尔福让用户能够更加顺畅、随时随地使用中国本地的服务内容,从而为用户带来更好更优的体验。

5. 建立网站平台

2015年5月9日,阿基米德先进技术网在天津开通。阿基米德先进技术网围绕先进技术,通过先进技术包(ATT)、先进技术服务系统(ATS)等核心产品和服务,运用全景图、大数据,源源不断地为中国汽车零部件等行业输送欧美先进技术、专利成果和专业人才,为加快中国汽车零部件等行业企业转型升级提供创新方案。

当前,阿基米德先进技术网正在引进欧美先进技术,与中国汽车零部件、新能源、新材料等行业企业对接,进行资源整合,促进中国汽车零部件等行业转型升级,不断提升中国汽车零部件等行业核心竞争力。

二、汽车配件产品促销

促销是指企业营销部门通过一定的方式,将企业的产品信息及购买途径传递给目标用户,从而激发用户的购买兴趣,强化购买欲望,甚至创造需求,从而促进企业产品销售的一系列活动。

促销的实质是传播与沟通信息,其目的是要促进销售、提高企业的市场占有率及增加企业的收益。为了沟通市场信息,企业可以采取两种方式:一是单向沟通,即由"卖方→买方"的沟通,如广告、陈列、说明书、宣传报道等,或由"买方→卖方"的沟通,如用户意见书、评议等。二是双向沟通,如上门推销、现场销售等方式,即是买卖双方相互沟通信息和意见的形式。

现代市场营销将上述促销方式归纳为四种类型:人员推销、广告、营业推广和公共关系,并将这四种方式的运用搭配称为促销组合。促销组合策略就是对这四种促销方式组合搭配和运用的决策。对汽车配件市场营销而言,促销手段还应包括一种重要的促销方式,即销售技术服务(含售后服务)。

汽车配件产品的种类繁多,因此所采取的促销方式和策略应根据市场的不同而灵活变化。例如,重型汽车因使用上的相对集中,市场也比较集中,因而人员推销对促进重型汽车的销售,效果较好;而轻型汽车、微型汽车由于市场分散,所以广告对促进这类汽车销售的效果就更好。总之,市场比较集中的汽车产品,人员推销的效果最好,营业推广和广告次之。反之,市场的需求越分散,广告效果越好。

(一)汽车配件产品广告宣传促销

广告是在促进销售策略中受到普遍重视和应用的形式,是直接向现有和潜在市场传递信息的一种手段。广告作为一种传递信息的工具,可以产生唤起注意、引起兴趣、启发欲望和导致行动的作用。

1. 产品广告宣传媒体

1)报刊

报刊是最具有渗透力和扩散力的传播媒介。以它作为广告的媒体具有独特的优势,即广泛性、自由度、深度、保存性、低成本等。当然它也有不足之处,如传播信息不如电视那么迅速、及时,受读者文化水平和理解能力的限制。

2)张贴广告

也称海报,是一种提供简短、及时、确切信息的张贴。它常张贴于能引起客户注意的醒目之处,以告知客户某种商品的及时信息,营造宣传气氛。适用于某种或某系列商品信息的公布。这种广告宣传方式信息覆盖面相对窄小。

3)邮寄广告

邮寄广告的特点是信息传播方向性强,宣传效果好,适用于企业经营范围、品种价格的宣传。

4）报纸夹页或传单

报纸夹页或传单是一种印成单张向外散发的宣传品。其上载明本企业经营品种范围、价格水平、联系方法等，可作为促销广告使用。这种形式比较灵活，造价低廉，散发方便，但并不太适合于汽车配件销售的广告宣传。

此外还有利用交通工具如公共汽车车身及车厢内张贴广告的交通广告，以及灯光广告和路牌广告。

5）声像广告

利用无线电波发送声像广告，包括广播广告和电视广告。电视广告表达直观，传播迅速，适应面广，娱乐性强。它的弱点是成本较高，受时间顺序的限制。

6）网络广告

网络广告就是利用网站上的广告横幅、文本链接、多媒体，在互联网刊登或发布广告，通过网络传递到互联网用户的一种高科技广告运作方式，如图6-2所示。

与传统的广告及近来备受垂青的户外广告相比，网络广告具有得天独厚的优势，是实施现代营销媒体战略的重要一部分。Internet是一个全新的广告媒体，它的优点是覆盖范围广；主动性、积极性强；时间持久；费用相对较低，性价比高；灵活，可直达产品核心消费群；具有强烈的互动性。

图6-2 网络广告

2. 汽车用品广告的投放

对于绝大多数汽车用品商家而言，去哪里投放广告，如何投放，其实也是有规律可循、有技巧可用的，在投放广告时应该注意如下方面。

1）分清投放主体

企业产品的主体有"产品"和"品牌"的区别。汽车用品属于新兴行业，对于国内消费者来说，很多人都知道车载轮胎的品牌有米其林、固特异、邓禄普等，所以，一说米其林这个品牌，大家首先想到的是轮胎。但是，如果对于一家制造轮胎的未知品牌企业，生产出来的轮胎新产品想打入市场，就需要在市场推广的时候先让消费者知道它推出的是轮胎品牌，而后才是它的品牌名称。所以此时广告宣传先推出的必然应该是产品，让消费者意识到产品究竟是什么样的东西。当然，对于那些已经发展得比较好，产品在市场已经有一定知名度，稳定时间较长，需要将企业提升层次，以便推出其他产品时，就是塑造品牌的时候了，品牌毕竟是企业最为有价值的一部分。

2）选择投放对象

现在媒体众多，专业的大众的，传统的现代的，往哪里投也要根据企业和市场状况来决定。在汽车用品市场不成熟，企业渠道建设未完善时，专业媒体的投放是非常必要的。专业媒体的受众是各大经销商、代理商，对于要铺开销售网络来说是最快捷的宣传方式，这时的投放是最有效的。

对于汽车用品来说,最终是要走向消费者的产品,所以大众媒体是成熟期的选择。此时需要注意的就是不同的大众媒体定位不同,受众不同,所带来的影响也不同。

3)新颖的投放形式

汽车用品商家目前多采用的投放是产品的文字介绍加形象广告的形式,此种形式属于常规形式,很多时候我们需要增加点个性化来突出自身的特色。

(1)促销活动:促销是一种短期却集中的宣传手法,在短期内将企业想要宣传的理念传输给受众,汽车用品企业在产品上可采取些大的促销活动,用宣传单、礼品等形式进行,此种形式给大众造成的亲和力最强。

(2)赛事活动:汽车音响大赛是近两年用品商家们比较倾向于使用的广告形式,这种活动影响力较大,在这种活动中显示实力,同时又彰显品牌。

(3)学习讲座:这种形式传播力不是太广,却可以提升专业和权威性,汽车用品对于消费者很新鲜,此方式是非常可行的一种方式。

(4)横向结盟:通过与其他行业著名品牌的结盟来宣传自己,通过结盟者的宣传来达到宣传自己的效果,对于汽车用品来说,和整车的结盟自然是个良策,SK 借助现代车进入中国,得到消费者的认可就是一个鲜明的例子。

(5)公益事业:这是提升企业信誉度的方法,汽车用品企业的良好形象可以通过这种办法建立。

(二)销售促进方案

销售促进,是指企业运用各种短期诱因,鼓励购买或销售企业产品或服务的促销活动。一般来讲,企业的销售促进策略包括确定目标、选择工具、制订方案、预试方案、实施和控制方案,以及评价结果等内容。

1. 确定销售促进目标

销售促进的特定目标将依目标市场的不同而有所差异,如图 6-3 所示。

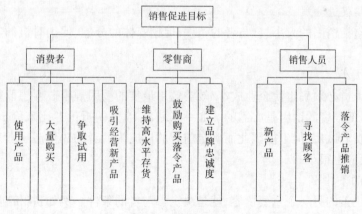

图 6-3 销售促进目标

2. 选择销售促进工具

选择销售促进工具,必须充分考虑市场类型、销售促进目标、竞争情况,以及每一种销售促进工具的成本效益等各种因素。

配件产品经销商经销配件时关心的是顾客的光顾、购买以及吸引更多的人进入店中,销售促进工具的选择便以此目标为中心。折价券、特价包、赠奖、交易印花、购(售)点陈列和商品示范表演、竞赛、兑奖、游戏等在零售业最常用。

1) 折价券

折价券就是给持有人一个凭证,他在购买某种商品时可凭此免付一定数额的钱。折价券可以邮寄、附在其他商品中,或在广告中附送。这是一种刺激成熟品牌产品销路的有效工具,也可以鼓励买主早期试用新品牌。

2) 特价包

特价包就是向消费者提供低于正常价格的销售商品的一种方法,其做法是在商品包装或标签上加以附带标明。它们可以采取减价包的形式,即将商品单独包装起来减价出售,如原来买一件商品的价格现在可以买两件。也可以采取组合包的形式,即将两件相关的商品并在一起减价出售,如洗车液和汽车玻璃水等。特价包对于刺激短期销售十分有效。

3) 赠奖

赠奖就是以相当低的价格出售或免费赠送商品作为购买特定商品的刺激。它有三种主要形式:

(1) 随附赠品。可以附在商品或包装中,或包装物本身就是一个能重复使用的容器。

(2) 免费邮寄赠品,即消费者交出买过这种商品的包装、标签或其他证据,商店就免费给他寄去一个商品。

(3) 低价赠奖,即以低于正常零售价的价格出售给需要此种商品的消费者。

4) 竞赛、兑奖和游戏

竞赛、兑奖和游戏是让消费者、中间商或推销人员有某种机会去赢得一些东西,如现金、旅游或商品作为他们运气和努力的报答。竞赛要求向消费者提出某种参赛的项目,通过裁判员或评委会评出最优者。兑奖要求消费者将其姓名放进摇奖箱进行摇奖。游戏是指消费者每次购买时卖主赠送给消费者一些有助于他们获得奖品的东西。

3. 制订销售促进方案

内容主要包括诱因的大小、参与者的条件、促销媒体的分配、促销时机的选择、促销的总预算等。

1) 诱因的大小

市场营销人员必须确定使企业成本/效益效果最佳的诱因规模。要想取得促销的成功,一定规模的、最低限度的诱因是必需的。如一张减价15元的折价券比减价5元的折价券会带来更多的消费者试用,但不能因此而确定前者的反应为后者的3倍。一般来说,诱因规模很小时,销售反应也很小。

2) 参与者的条件

销售促进决策的另一个重要内容,就是决定参与者的条件。例如,特价包是提供给每一个人,还是仅给予那些购买量最大的人。又如,抽奖可能限定在某一范围内,而不允许企业职员的家属或某一年龄以下的人参与。通过确定参与者的条件,企业可以有选择地排除那些不可能成为商品固定使用者的人。当然,应该看到,如果条件过于严格,往往导致只有部分品牌忠诚者或喜好优待的消费者才会参与。

3）促销媒体的分配

市场营销人员还必须决定如何将促销方案向目标市场贯彻。假设促销是一张减价15元的折价券时,则至少有四种途径可使顾客获得折价券:一是放在包装内,二是在商店里分发,三是邮寄,四是附在广告媒体上。每一种途径的送达率和成本都不相同。例如,第一种途径主要用于送达经常使用者,而第三种途径虽然成本费用较高,却可送达非本品牌使用者。

4）促销时间的长短

市场营销人员还要决定销售促进时间的长短。如果时间太短,则一些顾客可能无法重购,或由于太忙而无法参与促销。如果促销时间太长,则消费者可能认为这是长期降价,而使优待失去效力,甚至还会使消费者对产品质量产生怀疑。专家经调查研究发现,最佳的频率为每季度有三周的优待活动,最佳时间长度为平均购买周期。当然,这种情况会随着促销目标、消费者购买习惯、竞争者策略及其他因素的不同而有所差异。

5）促销的总预算

销售促进总预算可以通过两种方式确定。

(1)自下而上的方式。即市场营销人员根据全年销售促进活动的内容、所运用的销售促进工具及相应的成本费用来确定销售促进总预算。实际上,销售促进总成本是由管理成本(如印刷费、邮寄费和促销活动费)加诱因成本(如赠奖、折扣等成本)乘以在这种交易活动中售出的预期单位数量组成的,即:

$$销售促进总成本 = (管理成本 + 诱因成本) \times 预期单位数量$$

如对一项赠送折价券的促销来说,计算成本时要考虑只有一部分消费者使用所赠的折价券购买。又如对一张附在包装中的赠奖来说,成本必须包括奖品采购和奖品包装再扣减因包装引起的价格增加。

(2)按习惯比例来确定各项促销预算占总促销预算的比率。虽然不是所有销售促进活动都能事先计划,但是协调却可以节省费用,如一次邮寄多种赠券给消费者,就可以节省邮寄及其他相关费用。

企业在制定销售促进总预算时,要注意避免如下失误。

①缺乏对成本效益的考虑。

②使用过分简化的决策规划,沿用上年的促销开支数字,按预期销售的一个百分比计算,维持对广告支出的一个固定比例,或将确定的广告费减去,剩余的就是可用于促销的费用。

③广告预算和销售促进预算分开制定等。

4. 预试销售促进方案

虽然销售促进方案是在经验基础上制订的,但仍应经过预试以确认所选用的工具是否适当、诱因规模是否最佳、实施的途径和效率如何。面向消费者市场的销售促进能够轻易地进行预试,可邀请消费者对几种不同的、可能的优惠方法做出评价,给出评分,也可以在有限的地区范围内进行试用性测试。

5. 实施和控制销售促进方案

对每一项销售促进工作都应确定实施和控制计划。实施计划必须包括前置时间和销售延续时间。前置时间是从开始实施这种方案所必需的准备时间。它包括:最初的计划工作、设计工作、材料的邮寄和分送、与之配合的广告的准备工作、销售现场的陈列、现场推销人员的通过、个别分销商地区定额的分配、购买和印刷特别赠品或包装材料、预期存货的生产、存放到分销中心准备在特定的日期发放,还包括给零售商的分销工作。

三、接待客户

(一)电话接待

1. 电话基本礼仪

1)面带微笑,声音清晰柔和

笑是可以通过声音来感觉到的,拿起电话,应该面带微笑。要像对方就在自己面前一样,带着微笑通电话。

通话时,声音应当清晰悦耳、温和有礼、吐字准确、语速适中、语气亲切自然。讲话声音不宜太大,让对方听清楚即可。

2)姿态端正

通话过程中,应该保持端正的姿势,或站或坐,都要保持身体挺直,不要东倒西歪,弯腰驼背。打电话过程中不能吸烟、喝茶、吃零食,也不要对着电话打哈欠。话筒与嘴的距离保持在 5~10cm。

通话结束后,应轻放话筒,不要用力摔。

3)正确介绍自我

接通电话后,通话者首先向对方正确介绍自己,即"自报家门"。电话中自我介绍时,如果是私人电话,报本人的姓名,如果是公务电话,报本人所在的单位、部门、姓名和职务。

4)尊者先挂电话

在结束电话交谈时,一般应当由打电话的一方提出,然后彼此客气地道别,说一声"再见",再挂电话,不可只管自己讲完就挂电话。交际礼仪的规则是地位高者先挂。

(1)单位内部,无论上司的性别、年龄,上级先挂。

(2)单位与单位,无论官大官小,上级单位先挂。

(3)在商务交往中,客户是上帝,无论是投诉,还是咨询,客户先挂。

(4)一般求人的事,等被求的人先挂。

(5)如果自己有重要的事情,不宜继续通话,应该说明原因,并告诉对方"有空时,我马上打电话给您。"

5)尊重别人隐私

当别人打电话或接电话时,要做到不偷听、不旁听。当帮别人接听电话时,要做到不随意传播,也不可当着众人的面,大声转述电话的内容。

2. 打电话的礼仪

打电话的基本礼仪有:事前准备、时间适度、体谅对方、内容简练和表现文明五个方面,具体如下。

1)做好打电话前的准备

为了使通话简洁顺畅,打电话前,应首先做好通话内容的准备。如把要找的人名、职务、要谈的主要内容进行简单归纳,写在纸上。这样就可以做到通话时层次分明、条理清楚,不至于通话时丢三落四、语无伦次,让对方不得要领。通话内容要简明扼要、干净利落,不能吞吞吐吐、东拉西扯、不着边际,既浪费了对方的时间,又会给对方留下"办事不干练"的不良印象。此外,与不熟悉的单位或个人联络,对对方的名字与电话号码应当弄得一清二楚,以便"胸有成竹",免得因为搞错而浪费时间。

2) 时间适度

通话时间包括打电话的适宜时间和通话的时间长度。

(1) 通话适宜时间。打电话时,应该以客为尊,让客户产生宾至如归的亲切感觉,那么就应该注意在恰当的时段内打电话。通常,早上10:00~11:30、下午2:00~4:00是所有公司的"黄金"时段,打电话的时段应该尽量选择在这些最有绩效的时段。

除有要事必须立即通知外,不要在他人的休息时间打电话。例如,上午7:00之前、晚上10:00之后以及一日三餐的吃饭时间、节假日等。因紧急事宜打电话到别人家里时,通话之初先要为此说声"对不起",并说明理由。另外,因公事打电话,尽量不要打到对方家里,尤其是晚上。打电话到海外,还应考虑两地的时差问题。如果需要打电话到对方工作单位,要想使通话效果好一些,使之不至于受到对方繁忙或疲劳的影响,则通话时间应选择在周一上午10:00左右至周五下午3:00左右,而不应是在对方刚上班、快下班、午休或吃午饭时,不识时务地把电话打过去。一般来讲,周一上班前一个小时没有重要事情不要打电话,因为此时大多数单位要开例会安排一周的工作日程或处理一些重要事务。周五下午下班前不要打电话,因为临近下班时间人们的心理状态处于疲劳期。此外,不要因私事打电话到对方单位。通话时机选择要点如图6-4所示。不适合通话的时段如图6-5所示。

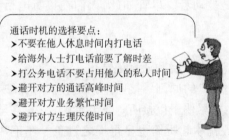

图6-4 通话时机选择要点　　　　　图6-5 不适合通话的时段

(2) 通话长度。基本要求:以短为佳,宁短勿长。在电话礼仪里,有一条"三分钟原则",即发话人要自觉地、有意识地将每次通话的长度,限定在3min之内。

3) 体谅对方

如在开始通话时,先问一下对方,现在通话是否方便。倘若对方不方便,可约另外的时间。若通话时间较长,也要先征求一下对方意见,并在结束时略表歉意。在对方节假日、用餐、睡觉时,万不得已打电话影响了别人,不仅要讲清楚原因,还要说一声"对不起"。在上班时间内,一般情况下不要为了私事而长时间通话。

4) 内容简练

事先准备:不要现说现想、缺少条理、丢三落四。

简明扼要:问候完毕,即应开宗明义,直言主题,少讲空话,不说废话,不没话找话,不吞吞吞吐吐,不东拉西扯。

适可而止:话说完了,要及时终止通话。由发话人终止通话,是电话礼仪的惯例之一,也是发话人的一项义务。发话人不放下电话,受话人一般是不能挂电话的。

5)表现文明

表现文明主要体现在语言文明、态度文明和举止文明三个方面。

(1)语言文明。打电话坚持用"您好"开头,"请"字在中,"谢谢"收尾,态度温文尔雅。接通电话后,应该向受话方首先问声"您好",再用简单的语言自报家门和证实对方的身份,然后立即向对方说明打电话的目的,再迅速转入所谈事情的正题。通话结束时要使用"再见",要是少了这句礼貌用语,就会使终止通话显得有些突如其来,并让自己的待人以礼有始无终。

(2)态度文明。对于受话人,不要态度粗暴无理,也不要阿谀奉承。电话若需要总机接转,勿忘对总机的话务员问上一声好,并且还要加上一声"谢谢"。如果要找的人不在,需要接听电话之人代找,或代为转告、留言时,态度都要文明有礼。通话时,电话忽然中断,依礼需由发话人立即再拨,并说明原因,不要不了了之,或只等受话人一方打来电话。若拨错了电话,应对接听者表示歉意,不要一言不发,挂断了事。

(3)举止文明。当众拨打电话时,不要在通话时把话筒夹在脖子上,或是趴着、仰着、坐在桌子上,或是高架双腿与人通话。拨号时,不要以笔代手,边打边吃。挂电话时要轻放,不要用力一摔,令对方"大惊失色"。通话不要"半途而废",或拨号时对方一再占线,要有耐心,不要拿电话机撒气。

3. 接电话的礼仪

在通电话的过程中,接听电话的一方显然是被动者。尽管如此,人们在接听电话时,也需要专心致志、彬彬有礼。

1)本人受话

在本人受话时,应注意接听及时、应对谦和、主次分明和认真记录。

(1)接听及时。在电话礼仪中,有"铃响不过三"的原则。接听电话是否及时,反映着一个人待人接物的真实态度。电话铃声一旦响起,应尽快予以接听。不要铃响许久,甚至响过几遍之后,才姗姗来迟。不过,铃声才响过一次,就拿起听筒也显得操之过急。在正常情况下,不允许不接听他人打来的电话,尤其是"如约而来"的电话。因特殊原因,致使铃响过久才接电话,须向发话人表示歉意,要先说"对不起"。根据欧美行为学家的统计,人的耐性是7s,7s之后就很容易产生浮躁。因此,最多只能让来电者稍候7s,否则对方很容易产生收线、以后再打的想法。接听提醒如图6-6所示。

(2)应对谦和。拿起话筒后,即应主动介绍自己:"您好,我是华之诚汽车服务有限公司×××,请……"不要一声不吭,故弄玄虚。在通话时,要聚精会神,不要心不在焉,或是把话筒置于一旁,任其"自言自语"。在通话过程中,要谦恭友好,不卑不亢,不要拿腔拿调。当通话因故暂时中断后,要等候对方再拨进来,不要扬长而去,也不要为此而责怪对方。

图6-6 接听提醒

若接听到误拨进来的电话,要耐心向对方说明,如有可能,还要向对方提供帮助,或者为其代转电话,不要为此勃然大怒,甚至出口伤人。

(3)主次分明。在会晤重要客人或举行会议期间有人打来电话,可向其说明原因,表示歉意,并再约一个具体时间,到时主动打电话过去。在接听电话之时,适逢另一个电话打了进来,不要置之不理,可先对通话对象说明原因,请其勿挂电话,稍候片刻,然后立即接另一个电话,待接通之后,先请对方稍候,或过一会再打进来,然后再继续刚才正打的电话。无论多么忙,都不要拔下电话线,对外界进行自我隔绝。

(4)认真记录。对电话通知,要详细记录,及时汇报。

2)代接电话

代接电话时,要注意热情相助、尊重隐私、记录准确和传达及时。

(1)热情相助。接电话时,假如对方所找非己,不要口出不快,拒绝对方代找旁人的请求,尤其不要对对方所找之人口有微词,如果对方要找的人不在,应主动询问"需要留一个口讯给他(她)吗?"

(2)尊重隐私。代接电话时,当发话人有求于己,要求转达某事给某人,一定要严守口风,切勿随意扩散,广而告之,辜负了他人的信任。即使发话人要找的人就在附近,也不要大喊大叫,闹得人人皆知。当别人通话时,不要"旁听",也不要插嘴。

(3)记录准确。若发话人要找的人不在,可向其说明后,问对方是否需要代为转达,如对方有此请求时,即应相助于人。对发话人要求转达的具体内容要认真做好笔录,在对方讲完之后,还要重复一遍。记录电话的内容一般为5W1H 要素:Who(洽谈对象),What(来电内容),Why(来电原因、理由),Where(来电中提到的场所),When(来电的时间和电话中提到的时间),How(方法)。5W1H 通话要点如图 6-7 所示。

图 6-7　5W1H 通话要点

(4)传达及时。接听寻找他人的电话时,先要弄明白"对方是谁""现在找谁"两个问题。若对方不愿讲第一个问题,可不必勉强。若对方要找的人不在,可先以实相告,再询问对方"有什么事情?"若发话人所找的人就在附近,要立即去找,不要拖延。若答应发话人代为传话,要尽快落实,不要置之脑后,除非万不得已时,不要把自己代人转达的内容,再托他人转告。

(二)店面接待

顾客对汽车配件门市销售的第一印象往往来源于汽车配件销售员的接待技巧,因此,专业、规范的接待能够帮助企业打造一个良好的口碑。

1.销售员的服饰和谈吐

1)服饰

销售员衣着应协调得体、整齐清爽、干净利落,从而使顾客从心理上接受与喜欢这个人,自然就会倾向于购买其推销的产品。对于配件销售企业来讲,销售人员无论男女一般都要着统一工装(图6-8),比如制服、商务服装或者带有企业统一标识的文化衫等。

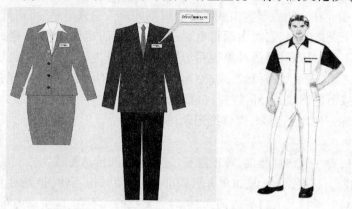

图6-8 汽配销售员服饰

2)谈吐

销售员在营业时间要特别注重使用礼貌用语。在接待顾客的全过程中,销售员应避免出现的谈吐有:过分评价自己推销的产品,或为了抬高自己的产品故意贬低其他同类产品;说话无节制,令顾客厌烦;语言刻薄,不给人留有回旋余地;少言寡语,过于沉默。与顾客的交谈中,销售人员应该少打手势,必要时手势幅度也要适当,要与顾客保持必要的距离。顾客讲话时最好不要插话,有必要插话时,应寻找恰当时机并征得对方同意,并向对方表示歉意。遇有他人加入自己与顾客的谈话,应微笑点头表示欢迎。谈话中遇急事需离开时,应向对方致歉。交谈中对于对方提出的问题要有问必答,笑而不答、置之不理都有失礼貌。如遇不便回答的问题时可采取转移话题的办法处理。对于没有听懂的话,应要求对方重复。不要追问对方不愿回答的问题,也不要提及对方反感的话题或禁止的话题。

2. 销售员的举止

销售员的举止要做到彬彬有礼,落落大方,遵守一般的进退礼节,尽量避免各种不礼貌、不文明的习惯,具体包括介绍、称呼、握手和告别四个方面。

销售员见到顾客要做的第一件事就是打招呼。打招呼要做到明朗(大声、带笑容、面向对方)、随时(无论什么时候、什么人)、主动(在对方问候之前)、连续(打招呼以后多加一句问候语)。问候时要根据顾客的年龄、身份使用适当的称呼。

销售员对顾客所做的第二件事往往是进行自我介绍。销售员进行自我介绍要注视着对方,姿态要自然、大方,态度要谦虚,语言要得体。

当销售员需要与顾客握手时,应主动伸出右手,手的高度大致与对方腰部上方齐平,以手指稍用力握对方的手掌,持续1~3s,双目注视对方,面带微笑,上身略前倾,头微低。握手时要注意不要长时间、用力地与女士握手,仅握女士手指即可。几个人同时握手,应依次进行;握手时不得戴手套;作为女士,男士伸出手时置之不理,是缺乏礼貌的表现,应大方地与对方握手。在握手时,常伴有一定的问候语。

当顾客离开其配件商店时,无论是否购买其产品,销售员都应以礼相送,礼貌地与顾客道别,并向顾客表达出"欢迎再次光临"的信息。

3. 递接名片与递物

销售员在与顾客初次会面时,不一定忙于在见面的初始即递上名片,可在谈话过程中或谈话结束临别之时再递上名片,以加深印象,并表示与其继续保持联络的诚意。当销售员接过顾客的名片时,应用双手,并表示谢意。接到名片后不要立即收起,也不应随意摆弄,应认真拜读名片内容,最好将顾客的姓名、主要职称、身份轻声读出,以示敬意。没有把握读出的字,特别是顾客的姓名,要及时请教顾客。然后将顾客的名片装入名片夹,再将名片夹放入上衣袋或公文袋内。

交易结束时,销售员应将产品用双手递到顾客手中,并且关照"请您拿好"。如果产品中有易碎物品或存在其他不安全因素,销售员应在递交物品前讲明注意事项,并关照"请您注意安全,要按说明书使用",不要把产品扔给对方而不加关照。对于有刀口、尖端等的物品,需将刀口、尖端朝向自己握在手中,不要指向对方。

4. 基本对话用语

配件销售的基本对话用语,如表6-1 所示。

配件销售基本对话用语　　　　　　　　　表6-1

分　类	顾客问话	回　答	备　注
进门接待	—	您好,请问您有什么需要	销售员说话时要自然、大方、热情
	—	您好,我能帮您做点什么	
产品介绍	有×××配件吗	有,请跟我来看一下产品	
	×××配件怎么有这么多种啊	是的,如果您方便,可告诉我您所购配件的用途,我会根据实际情况,帮您推荐一种适合您的产品	
	我想自己看一下	那好,您先随便看看,如果有什么需要,请叫我	销售人员在离开顾客后,应用目光的余光关注顾客,准备随时上前为其服务
报价	×××多少钱啊	这款×××我们这个月打折。原价××钱,现价××钱,打了个××折,很合适的	
	其他店里才××钱,你们这里为什么这么贵	先生(女士),您说的的确很对,但是我们的产品从性能、品质等方面,都比×××好得多。虽然从表面上看,我们的产品价格略高些,但使用寿命更长,所以平均下来,价格还比×××略低些呢	
验货	—	先生(女士),这是您所购的配件,麻烦您检查一下,看看是否有不妥之处。如果没有问题,请收好	销售人员应主动热情地向顾客指明产品的生产日期、型号、生产厂家等明细
收款	—	先生(女士),您交给我××钱,该配件的总价格为××钱,我将找给您××钱。这是××钱,请您拿好	销售人员应与顾客当面核对钱款,并获得双方的认可,避免产生经济纠纷
送客	—	先生(女士),请慢走,欢迎再次光临	无论顾客是否购买本店产品,都要真诚热情地将顾客送出店外

四、汽车配件推介技巧

(一)汽车配件商品特征

1. 商品的特征

1)品种

商品的品种是指为满足不同社会消费需要,按某种形态特征划分或结合的商品群体。销售人员要熟悉自己推销商品的品种及各个品种的主要特征,尤其是企业最新开发的品种,要能够介绍各个品种的差异、新品种的改进与提高。

2)品牌

品牌俗称牌子,是制造商或经营商加在商品上的标志。品牌是一个名称、词汇号、图案设计或三者的组合,用以识别一个或一群出售者的产品或劳务,使之与其他竞争对手相区别。它包括品牌名称、标识、商标等。

3)商标

商标是商品的标志。一般以文字、图形或记号,注明在商品、商品包装、广告的上面。商标要向国家的商标管理机构注册或登记,并取得专用权。

4)规格

规格指生产单位对产品和所使用的原材料等要求。它包括产品体积的大小、质量的大小、某种成分的含量多少、内外形状的尺寸等。产品的规格不同,性能和用途往往也不一致。销售员要熟悉所销售商品的各种规格,在顾客提出所需购买的商品时,要对照销售商品与顾客所需商品的规格要求是否一致,以免给顾客造成损失,或给顾客一种外行的感觉。

5)性能

商品的性能是指商品所具有的性质和功能。商品的性能又可分为商品的物理性能、化学性能、力学性能和工艺性能几个方面。销售员要对自己所售商品的性能有所了解,并在适当的时候,向顾客介绍。

(1)商品的物理性能。商品的物理性能表现为商品的质量(重量)、磁性、导电性、吸湿性、热学性质和光学性质等。

(2)商品的化学性能。商品的化学性能是指商品的化学稳定性,即商品抵抗各种外界因素对其发生化学作用的能力。较重要的化学性能有:耐水性、耐酸性、耐碱性、耐氧性、耐光性、耐火性。

(3)商品的力学性能。商品的力学性能是指商品在生产和使用中受到力的作用时所表现出来的性质。力学性能是鉴定商品适用性和耐久性的重要指标,主要包括:负荷、应力和应变、弹性和塑性、强度、韧性和脆性。

(4)商品的工艺性能。商品的工艺性能是指商品的可加工性能,主要包括:金属材料类的可切削性、可锻性、可焊性等工艺性能;纤维及其制品的可染性、可缝性等;高分子化合物,如塑料、橡胶等的可塑性、可加工性等;石材、木材、宝石、白银等材料的可雕刻性、可研磨加工性等。

6) 质量

商品的质量是指商品能满足规定或潜在需要的特征和特性的总和。其中"规定"是指标准或规范。"需要"是指用户或消费者对商品有关质量和特性的要求。商品的质量主要可以从这几个方面体现：适用性、符合性、可靠性、安全性、适应性、经济性、时间性、美观性。

除了上述特征外，商品的特征还包括用途、用法和维护。

2. 汽车零部件通用互换原则

随着汽车工业的发展，汽车保有量不断增加，车型的发展变化亦非常快，使得汽车配件种类更加繁杂，给汽车配件销售部门在汽车配件的采购、经营方面带来许多困难。有的单位因缺少某一汽车配件而使车辆不能使用，有的修理厂在修车过程中因购不到该车的维修配件原件而使修理中断，造成较大的经济损失。这都是不了解汽车配件互换性的缘故。尽管汽车配件种类繁多，却在一定范围内具有互换性，还有的稍加改进就可以互换、代用。作为汽车配件销售人员，有必要掌握一些配件互换性方面的知识，以便更好地服务于顾客。

1) 汽车配件互换、代用的概念

在汽车维护、修理过程中，经常需要更换零部件。对某一零件而言，它们当中的任何一个在装配时都可以互相调换，而不需补充加工和修配就能达到所要求的质量，满足使用要求。零件所具有的这种性质，称为互换性。

汽车配件的代用可以理解为部分互换性。装有代用配件的汽车经常出现两种情况：一是装用代用品后，部分改变了原来汽车的某些技术性能；二是装用代用品时，需要补充加工和修配，然后才能使用，在使用性能上可能维持不变，或有少许变化。

2) 汽车主要配件通用互换时的注意事项

某一零件具有互换性的条件是：零件的材料、结构形状、尺寸及尺寸精度和公差等级、表面粗糙度、形位公差、物理机械性能（热膨胀系数、强度、硬度等）及其他技术条件都应相同。

同一系列车型的主要零部件，特别是易损件，通常具有互换性。如6135Q和12V135Q型两种汽车用柴油机，同属135系列，它们的活塞、活塞环、活塞销等许多零件可以互换。

另外，个别零件虽然材料、结构形状有所差异，但仍具有互换性。如解放CA10B汽车发动机活塞，就有正圆活塞和椭圆活塞两种，它们的结构形状虽有差别，但性能一样，装配时的配合间隙一样，可以互换（但必须成组互换）。此外，CA10B汽车空气压缩机活塞的材料有铸铝和铸铁两种，它们也具有互换性，不过因铝合金比铸铁的热膨胀系数大，所以在装配时铝合金活塞要比铸铁活塞留有稍大的装配间隙（与汽缸壁的配合间隙）。有些汽车配件的外形很相近，但却没有互换性。如为同一车型上的配件，它们的配件编号可能不同。选购时一定要仔细分辨其细微差异或标记，以免混淆。

国产各类汽车零配件通用互换情况可查阅有关资料。

3) 车身和发动机附件的互换

汽车上的车身附件主要有：备胎架、保险杠、车门锁、车门铰链、各种密封件、玻璃升降器、风窗刮水器、风窗洗涤器、遮阳板、后视镜、座椅、安全带、扶手、护板、内饰等。

汽车发动机附件主要有：散热器及节温器、机油冷却器、机油泵、机油滤清器、空气滤清器、排气消声器等。

汽车车身附件和发动机附件为典型的可通用互换配件。一般情况下，同一厂家生产的同一系列车型该类配件基本可以通用。即使是不同厂家生产的同类型汽车,该类配件也具有较大的互换可能。具体咨询时,可查询该类配件的通用互换手册。

3．质量标准

商品的质量必须达到相应的质量标准。质量标准一般有如下几类。

1）国际标准

指由国际上有权威的组织制定,并为国际上承认和通用的标准。如 ISO/TS16949 国际汽车工业质量体系认证、国际标准化组织(ISO)和国际电工委员会(IEC)制定的标准。

2）国外先进标准

如欧洲标准化委员会(CEN)、美国国家标准(ANSI)、VDA6.1 汽车工业质量体系认证等。

3）国家标准

我国于 1993 年等同采用 ISO9000 系列国家标准,发布实施了 GB/T 19000—92《质量管理和质量保证》系列国家标准。

除了上述各类标准外,还有行业标准、地方标准、企业标准。

4．运用对比方法介绍商品的结构、性能和价格

熟悉汽车总体构造的组成后,销售员就可以运用对比方法向顾客介绍所要销售的汽配产品的特征了。

(二)推销模式

汽车配件产品的推介方法就是根据汽配推介活动的特点以及对消费者购买行为各阶段的心理演变应采取的策略,总结出的一些程序化的标准推介模式。

1．迪伯达(DIPADA)模式

迪伯达模式分为如下六个步骤:准确地发现顾客的需求与愿望(Definition)→把要推销的汽车配件与顾客的需要及顾客的愿望结合起来(Incorporation)→证实所推销的汽车配件符合需求(Proof)→促进顾客接受所推销的汽车配件(Acceptance)→刺激顾客的购买欲望(Desire)→促使顾客做出购买成交的决定(Action)。对于汽配销售人员,在向顾客推介汽车精品时,可采用此模式。

1）发现顾客需求

由于汽车精品是用于增加客户驾驶愉快和舒适性的商品,所以顾客的需求和愿望是需要汽配销售人员通过观察和交谈来发现的。发现顾客需求的方法见表 6-2。

发现顾客需求的方法　　　　　表 6-2

顾客类型	观察特点	交谈方法
目的明确型顾客	进店时目光集中,脚步很快,有的径直向柜台走来,表示来意,提出要求;有的则在店内东瞧西望地寻找他所需购买的配件	语言简洁凝练,只需寥寥数语就可结束全部的交谈,完成交易
犹豫不决型顾客	进店时脚步比较缓慢,目光比较集中,观看商品时比较仔细,看到某种商品后,好像感兴趣,但当接近商品时,却若有所思,显出犹豫的神色	销售员不但要利用开放式或封闭式提问方式与顾客进行交流,推测和弄清客户需要什么商品,而且还要细心观察客户的情绪,以选择合适的语言介绍推荐最合适客户需要的商品

通过上述方法,销售人员可知晓顾客的具体需求方向,以便与自己销售的配件结合起来,从而把握好向顾客推荐商品的方向。例如,销售人员通过对顾客的观察和交谈,发现顾客非常关注颈部的安全,那么,可判断顾客的需求为汽车头枕。接下来以汽车头枕为例进行说明。

2)顾客需求与销售配件结合

知道顾客需求后,接下来要做的事情就是把顾客的需求与自己所销售的汽车头枕"结合"起来。"结合"方法有五种,但要根据具体的情况有针对性地实施。顾客需求与销售配件结合的方法见表6-3。

顾客需求与销售配件结合的方法　　　　　　　表6-3

名　称	内　容
物的结合	从所销售汽车配件具备的满足顾客需求和优点、功能等汽车配件实体特征出发进行汽车配件与需求的结合
汽车配件整体概念的结合	指销售员从汽车配件的整体概念出发实现汽车配件与顾客需求的结合
观念结合法	指销售员与顾客首先在观念上尤其是价值观念上达到认同而实现汽车配件与顾客需求的结合
信息结合法	销售员通过及时地传达运用的信息给顾客,从而引发对销售汽车配件大量需求的方法
关系结合法	指销售员利用社会关系把汽车配件与顾客需求相结合

3)证实符合需求

当应用"结合法"让顾客知道你所销售的头枕的信息后,接下来销售员就要通过收集和应用证据来证实他所销售的汽车配件符合顾客需求。证据分为很多种,具体内容见表6-4。

证据类型　　　　　　　　　　　　　表6-4

划分依据	类　型	内　容
证据的提供者	人证	真实的且知名度高的人士对所销售汽车配件在购买与消费后所提供的证据
	物证	有关职能与权威部门出具的证据及表明使用后果的实物性证据,如有关方面的鉴定测试报告等
	例证	作为证据的典型事例与方案,如果购买所销售汽车配件并取得较好效果的组织是有名的大企业或是有名的事件与人物,则应做主要例证
证据的载体	文字证据	如上级文件、鉴定材料、顾客表扬书信、订单、书报文章等形成的证据
	图片证据	用真人、真事、真物拍摄照片以及用图形表格制成的图片所形成的证据
	光电证据	用光电等科技手法获取的证据,如录音录像、电影拷贝、电脑网络储存的资料等

对于顾客而言,证据是最有说服力的,胜过销售人员的千言万语,有力的证据是顾客对所推介商品产生信心的保障。

4)促进顾客接受

当销售人员利用证据向顾客证明所推介的头枕是符合顾客的需求之后,下一步要做的

事情就是促进顾客接受所推介的汽车头枕,其方法有以下几种:

(1)询问促进法,即销售员在介绍汽车头枕、证实它符合顾客需求的过程中不断询问顾客是否认同或理解销售人员的讲解及演示,借以促进顾客接受。

(2)诱导促进法,指销售人员通过向顾客提出一系列问题并请求顾客做出回答而使顾客逐步接受所推销的汽车头枕的办法,所提问题是销售员事先经过深思熟虑后准备好的,后一个问题的回答总是以前一个问题为基础的,而顾客对每一问题的回答又是肯定的,于是由浅入深引导顾客进行积极的思维与逻辑推理而接受所推销的汽车头枕。

5)刺激购买欲望

激起消费者购买欲望是汽车头枕推介过程中的一个关键性阶段,主要方法有示范法和诱导法。

(1)示范法。即通过示范检验顾客对其推介汽车头枕的认识程度,并可以消除顾客情感上的消极心态、对立情绪,使顾客完全接受推销的汽车头枕。

(2)诱导法。通过诱导顾客从汽车头枕的优点去想象汽车头枕的使用价值和拥有后的喜悦和愉快;通过提供充分的证据、例证,尽说利益,用理智去唤起消费者的欲望。

6)促成顾客购买行为

销售人员最终促使顾客做出购买汽车头枕决定的方法有如下几种:

(1)直接成交法,即销售员看准时机,主动地、明确地、直接地要求顾客购买汽车头枕的成交方法。

(2)优惠成交法,是销售员通过向顾客提供进一步的优惠条件而促使成交的方法,如打折或赠送礼品等。

(3)异议成交法,指利用处理完顾客异议尤其是重要异议的机会成交。

(4)最后机会成交法,指销售员直接向顾客提示最后成交机会而促使顾客立即实施购买的一种成交促进方法。如提醒顾客打折促销活动马上就要截止等形式,督促顾客下定决心购买。

2.埃德伯(IDEPA)模式

埃德伯模式分为五个阶段:把所销售的汽车配件与顾客的愿望结合起来(Incorporation)→示范阶段(Demonstration)→淘汰不合格的汽车配件(Elimination)→证实顾客的选择是正确的(Proof)→促使顾客接受汽车配件(Acceptance)。对于汽配销售人员,在向顾客推介汽车维修零件时,可采用此模式。

由于汽车维修零件种类繁多,顾客需求意向明显,所以在推介此类配件时,可直接把所销售的汽车配件与顾客的愿望结合起来,销售人员应按照顾客提供的需求标准,尽量提供更多货源供顾客选择,不怕麻烦。

向顾客示范汽车维修零件时,销售员最好多示范几种相应的汽车配件,如刚出厂的新汽车配件、即将成为畅销货的汽车配件、进销差价大的汽车配件等,并在示范中了解顾客具体的购买需求。

埃德伯模式的第三阶段,需要把销售员示范的较多的同种类的汽车零件中不合适的汽车配件筛选掉。销售员淘汰不合格汽车配件是在了解顾客进货的档次、数量的基础上进行的。

当顾客选择了相应的汽车零件后,证实与赞扬顾客的挑选正确这一环节不可缺少。主要采用案例的方式证明。如某个汽车零件在某个市场销售得很好,顾客的满意度很高,产品的退换货率很低。

促进顾客成交的方式与迪伯达模式中促使顾客下定购买决心的方式类似,这里不再赘述。

3. 费比(FABE)模式

费比模式的销售步骤是:把汽车配件的特征详细地介绍给顾客(Feature)→充分分析汽车配件优点(Advantage)→尽数汽车配件给顾客带来的利益(Benefit)→以"证据"说服顾客(Evidence)。对于汽配销售人员,在向顾客推介汽车化学品时,可采用此模式。

例如,某顾客要购买机油。首先销售员在见到顾客后,要以准确的语言把汽车机油的特征详细地介绍给顾客。特征的内容有机油的性能、成分、作用及价格等。然后向顾客分析不同品牌、不同标号机油的优点。再向顾客告知它们能够给顾客带来哪些利益,最后再利用各种证据说服顾客购买销售人员所推介的机油。

(三)汽车配件销售的谈判

1. 谈判前的准备工作

谈判是一项非常复杂的工作,谈判形势多变,令人难以应付。要适应这种局势并在错综复杂的局势变化中左右谈判的发展,使己方处于有利地位,谈判人员就要"打有准备之仗"。只有做好深入细致的准备工作,才能获得谈判的成功。在谈判前,谈判人员主要应做好两个方面的准备工作:一是尽量详细地收集有关资料;二是根据这些资料、信息,分析谈判中可能出现的各种情况,准备应对方案,即信息准备和决策准备两个方面,其中信息准备是关键。下面介绍信息准备工作的主要内容。

1) 知己知彼

古人云:知己知彼,百战不殆。在谈判前,应做到"知己知彼"。

(1) 知己才能知人。

①充分了解己方的经济实力,如财务状况、销售情况、经营场地、服务项目等,掌握这些资料,能有备无患,当对方在谈判中提出有关问题时,能做到心中有数,从容应对。

②充分理解己方谈判的目标。这包括己方最大让步限度,最高目标及为实现最高目标的方案等。

③及时了解己方谈判的准备情况。这其中包括对谈判资料的搜集、整理、分析和必须携带的谈判资料的准备情况,比如商品价格目录及商品样本等。

(2) 了解谈判对手的情况。对谈判对手情况的了解可以说是最有价值的资料,只有摸清对手的实际情况,才能对症下药,相应制订己方的谈判策略。应了解的对手情况包括:

①了解对手的经济实力和信用,包括对手的经营状况、财务状况、盈利总评价、信誉情况、付款方式、其竞争对手和竞争方式等。只有认真了解了对方的经济实力与信用情况,才能确定交易的可能与规模,并判定可否与对方建立长期的贸易关系。

②了解对手的真正需求,比如对手此次谈判的实际目的,对手的最低可能接受的条件等。不过这方面的资料很难获得,一般依靠分析对手近阶段经营情况资料、财务状况资料和

在谈判中小心试探获得。

除此之外,还应了解对手的谈判诚意、谈判人员决策权限和谈判风格等方面的情况资料。

2)了解商品市场情况及其竞争情况

对拟销售商品的市场情况、竞争情况应做全面了解,这是因为市场因素及竞争对手情况与谈判成功与否有密切的联系。

(1)市场商品需求情况主要包括与谈判有关配件的汽车保有量,保有量变化趋势,用户对该配件及其服务的要求等。

(2)市场商品供应情况主要包括与谈判有关的商品生产状况,可供市场销售的商品量,商品库存状况,运输能力及其变化,进出口情况,替代品情况等。

(3)市场商品销售情况主要包括与谈判有关的商品的市场销售量,己方企业与同行业市场销售情况,销售价格,商品市场生命周期,经销路线,促销措施及效果等。

(4)市场竞争情况主要包括同类配件经销商数量,其销售配件的品种,质量情况,市场占有率,价格策略情况(包括折扣、分期付款),销售渠道,信用情况等方面。

3)了解相关环境情况资料

与谈判及交易相关的环境资料主要包括:当地政府政策法规、交通运输能力情况、社会文化背景、商业习惯等。

2.制订谈判方案

所谓谈判方案就是有关谈判应达到的谈判目标、应遵循的原则及为达到谈判目标而确定采取的步骤等的总和。它是从全局出发制订的谈判行动的总方针、总谋划、总体布局。谈判方案是谈判的指南,谈判成功与否,与谈判人员所采用的谈判方案有直接关系,决策正确才能促进谈判成功。

1)制订谈判方案的方法

(1)明确谈判目标。谈判目标是指制订谈判方案时,对所要达到结果的设定,是指导谈判的核心。谈判中最重要的阶段,即报价阶段和磋商阶段都是以谈判目标为依据的,策略的选择也与谈判目标紧密相关。谈判目标一般包括下列内容:谈判性质及谈判对象;对商品价格、质量、品种、规格等要素的要求;交货日期和付款方式;在情况变动的条件下,上述各要素必须达到的目标;与谈判目标相关的事实和问题,为解决这些问题需要提出的要求或期望等。谈判目标是一种目标体系,按照可实现的程度可分为四个层次。

①最优期望目标。最优期望目标是指对谈判某方最有利的理想目标,即在满足某方实际需求利益之外,还有一个增加值。

②实际需求目标。实际需求目标是指谈判各方根据主、客观因素,考虑各方面情况,经过科学论证、预测及核算后,纳入谈判计划的目标。

实际需求目标有这样一些特点:它是秘而不宣的内部机密,一般只在谈判过程的某个微妙阶段才提出;它是谈判者死死坚守的最后防线,如果达不到这一目标,谈判就可能陷入僵局或暂停;一般由谈判对手挑明,而己方则"见好就收"或"给台阶就下";关系到谈判某方主要或全部经济利益。这一目标对谈判者有着强烈的驱动力。

③可接受目标。可接受目标是指能满足谈判某方部分需求,实现部分经济利益的目标。

④最低目标。最低目标是指谈判各方对交易内容的最低要求,它是谈判必须达到的目标。最低目标与最优目标有着必然的内在联系。在谈判中,表面上似乎一开始要价很高,往往提出最优目标,实际上这是一种策略,这样做的实际效果则往往超出谈判者的最低目标。最低目标的确定,不仅可以创造良好的应变心理环境,而且还为谈判双方提供了可供选择的契机。

以上四个谈判目标层次,各有各的作用,须遵循实用性、合理性、合法性的原则认真规划设计,即应把自己的需要、经济重要程度和可能性结合起来。同时,谈判目标应尽量明确、具体、可行,并尽量数量化。

与谈判目标有关的一个重要问题是确定最初报价水平。因为不能有把握地预测所做的选择能否取得满意的结果,故这就成为一个技巧性的难题。根据经验,报价取高是一条金科玉律,即如果是卖方,应提出最高的可行价;如果是买方,应提出最低的可行价。

(2)规定谈判策略。谈判策略是谈判者在洽谈过程中,为了达到某个预定的近期目标或长期目标所采取的一些行动和方法。它包含两重含义:一是指关于谈判的原则的、整体的、方针性的方法和措施;二是指针对具体时机、场合和状况所采用的手段和对策。

谈判策略的选择和运用,取决于谈判对象的状况、谈判的焦点、谈判所处的阶段和谈判的组织方式等因素。

①谈判对象的状况。谈判对象的状况具体来说就是指买方、卖方的具体条件及状态。具体条件是指地位、经验、态度、性格。谈判对手的具体条件如何,通常将影响谈判策略的选择。

②谈判的焦点。双方谈判的焦点包括两层含义:什么性质的买卖及属于该买卖的哪部分内容。是小批量成交还是大批量成交,是价格上的谈判还是支付方式或售后服务等条款的谈判,策略亦要区别选择。

③谈判所处的阶段。谈判所处的阶段可分为开局阶段、摸底阶段、报价阶段、磋商阶段、成交阶段和签约阶段。各个阶段需要采取不同的策略,并要根据不同阶段对最终达成交易的影响程度来制订策略并加以灵活运用。例如,报价阶段和磋商阶段谈判比较激烈,使用的策略也适应风云多变的特点,运用的策略也比较密集。而在谈判的成交阶段,主要策略则是在意图的表达及判断的基础上,采取多种促成成交的策略,相对比较平稳。

④谈判的组织方式。商贸谈判的对方是一家还是几家,分别谈还是联合谈,所运用策略各异。

(3)确定谈判期限。确定谈判期限即对谈判所需时间的估计。需要注意的是:在相互对立的谈判中,千万别向对方暴露自己的实际截止期,否则对方可能会利用这点施加压力。

(4)预计将会发生的问题和成交的可能。在谈判之前,应把困难估计的充分一些,把谈判中可能会出现的问题设想得细一些,并预先多设想几套应对方案,以便在谈判过程中根据不同情况择优选用,这样就能做到临变不惊,应付自如。对于有利于实现己方谈判目标的机会要有清醒的认识,并抓住不放。

应注意的是,在谈判开始之前制订的谈判方案有可能随谈判的深入或了解掌握的情报资料的变化而改变。

2）制订谈判方案应注意的问题

（1）是否要同对方保持长期的业务往来。如果打算与对方长期合作，就必须与之建立良好的、持久的关系，谈判人员之间也应有私人交情。如果是"一锤子"买卖，双方今后不会再发生联系，就不一定像进行经常性交易那样重视建立和维持双方良好的关系了。

（2）双方在谈判中的实力及地位。谈判双方的实力主要取决于各自在市场上所处的地位。如己方居于优势地位，则可确定较高的谈判目标和采取较强硬的谈判原则。反之，则要确定弹性较大的谈判目标和多变的战术，给己方留有余地。

（3）对方的谈判风格和主谈者的性格特点。针对不同的谈判风格和性格特点，可以设计出不同的策略。比如说，在某一特定条件下，可以采取拖延、长期施加压力的策略；而在另一特定条件下，又可采用速战速决的闪电策略。

（4）交易的重要性。交易额巨大或关系到本企业长远利益或全局利益的谈判，要认真对待，在时间、程序和组织上都要慎重决策。战术技巧上要稳扎稳打，必要时可做适当的让步。

（5）谈判时间的限度。谈判时间的限度对谈判战略的影响主要表现在：

①影响谈判的方针。如果谈判时间长，谈判方针可更加灵活。

②影响谈判目标的弹性。较长时间的谈判，谈判目标的弹性较大；较短时间的谈判，谈判目标的弹性较小。

（6）谈判能力。如果己方合格称职的谈判人员不够，而同时又有许多项目要谈，那么己方谈判人员就不能在一个项目上花费太多的时间。

当然，实际情况是很复杂的，谈判人员应结合实际情况进行周密研究，考虑其他的一些特殊因素。

3. 灵活运用谈判技巧

对双方都有利可图的交易合同，才是未来交易成功的可靠保证。但是，双方的利益又往往是交错的，甚至是矛盾的，这就需要通过谈判来寻找协调、解决矛盾的办法。如何才能得到一个既于己有利又能使对方接受的合同，这既不是在谈判中坚持修正对方立场的所有观点，也不是简单的退让可以获得的结果，这需要谈判人员在谈判过程中对谈判技巧加以具体而灵活的运用。在谈判中常用的技巧如下。

1）提问与聆听

在谈判过程中善于提问和聆听对方的发言，才能弄清对方的真实意图和根本利益所在，发现对手的需要，发现其在谈判中可以退让的程度。同时，提出问题，有助于发展新的想法，找到解决这些问题的办法。

2）不轻易亮底牌

尽可能了解对方的动机、权限以及最后期限，但让对方知道己方的资料越少越好，即使对方是所谈汽车配件的独家供应商，仍可以告诉对方，己方可以在该配件与其他替代配件之间选择，或在买与不买之间选择。反之，对于买方，己方也可以采用相同的办法。总之，要造成这样一种竞争姿态，使对方感到不是非他不可，使己方处于有利的地位。

3）报价的艺术

提出比预期能达到的目标稍高一点的要求，就等于给自己留下妥协的余地。所以，通常谈判者在谈判开始的时候,总要提出一个较高的初始报价。较高的初始报价提供了"谈判余地",并且能使对方希望得到的利益在谈判过程中变得明显。较高的初始报价的目的是想最终达到一个合理的妥协方案。经过几天的谈判后,必须提出最后报价并提到谈判桌上去作出决定。最后报价必须考虑对方提出的所有正当的论点、要求。必须注意,有些谈判者会使用"第一次"最后报价,而保留"最终"最后报价,以备用来打破任何遗留下来的僵局。

4)时间期限战术

谈判通常是按预先订好的议事日程进行的,缺乏时间和期限的概念将会使谈判者陷入时间的压力之中,有时还会得到于己不利的结果。有些谈判者,把时间看得很宝贵,急于早日达成协议,拖延越长,费用越大。所以,在谈判时,可以利用对方的这种心理,适当采用拖延战术。但要注意,过分拖延有时会适得其反。

5)伺机喊"暂停"

如果谈判即将陷入僵局,不妨喊"暂停"。一个方便的台阶是告诉对方:"我必须请示我的上级,看他的意见如何。"在谈判过程中有这样一个短暂的暂停,至少能给谈判双方提供额外的时间重新考虑自己的立场和估计对方的立场。这样就有机会重新肯定自己的谈判立场,或以一点点小的让步,重回谈判桌。

在谈判中要适时地说,"如果由我做主的话……"便能占据主动地位。告诉对方,自己无权作最后决定;或能做的最后决定有限,这样能让自己有时间思考,充分了解对方的底牌。这样做的另一个好处是还为对方提供了一个不失面子的让步方式,使对方能接受自己的观点,而又不显的是一个失败的谈判者。

6)适当使用威胁手段

酌量情势,表现出一点过激的情绪化行为。必要时,可以提高嗓门,逼视对手,或大胆威胁,扬言立即中断谈判等,看对方反应如何。这一手段有冒险性,但如果时机掌握得好,运用适当,在碰到僵局时,往往会取得意想不到的效果。不过,不恰当的威胁可能导致自己并不希望的谈判破裂。

7)出其不意

在谈判过程中,突然改变方法、论点或步骤,以让对方折服、陷入混乱或迫使对方让步。这种策略可以简单到突然改变说话的声调、语气或戏剧性地突然生气等,都可能使对方措手不及而软化立场。日本人在谈判中常采用这种策略,西方谈判者对付这种策略的办法则是威胁要退出谈判。

8)额外奉送

在谈判过程中,准备一些附加的刺激条件,即给对方一些有价值的"额外奉送"。奉送时机选择是至关重要的,恰当的时间选择往往能化解某些问题上出现的僵局。

9)沉默与耐心

不要期望对方立即接受新的构想,坚持,忍耐,对方或许会接受己方的意见。在这种情况下,"沉默"有时是一种有力的武器。在一段时间内保持沉默,会使对方感到不自在,甚至茫然,不知所措。在这样的气氛下,对方往往会沉不住气而极力想说些什么,有时甚至说些不适当的话,改变态度。

在谈判过程中,即使对方小小的让步,也值得争取。有时,小小的让步就对方而言或许算不了什么,但对己方可能非常重要,说不定对方举手之劳,就能省下己方不少的金钱和时间。

10)折中调和战术

谈判总要留有余地,顾及对方的面子。成功的谈判,应该是双方愉快地离开谈判桌。在谈判中,对价格和其他交易条件都可以采用折中调和的战术。如一方要价100元,另一方只给50元,折中后可以75元达成协议。当然,还可以多次折中。在谈交易条件时,虽然可以让步之处很多,但每次只能让一步,而且步子应越让越小,称之为"切香肠战术",可让步条件就如一段香肠,每次只切下一片,而且越切越薄。

11)谈判中权力的运用

权力是指谈判一方对另一方所能施加的约束力或财力物力的总和。拒绝运用权力意味着谈判中的自杀。然而,运用权力是很复杂的,权力也不可轻率地或过分地运用,这样就变成滥用了。如果运用不慎,就会危及谈判的成功。

以上所列是在谈判中常用的几种技巧,而在实际谈判过程中,它们绝不是孤立的,只有巧妙地利用各种技巧,才能成功。至关重要的是要掌握运用各种技巧的时机和分寸,不恰当的运用或过分地运用这些技巧,往往会适得其反。

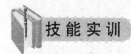

(一)任务下达

(1)汽车配件分销渠道的市场调查。

利用市场调查方法,收集资料,说明目前汽车配件的流通形式。要求有文字记录、相关影像资料。

(2)针对某一季节汽车配件产品的销售设计销售促进方案。

利用企业实习机会或其他方法,了解应季汽车配件产品,制作一份销售促进方案。

(3)客户接待技巧的应用。

利用企业实习机会,搜集客户资料,进行电话接待(至少10个以上客户),分析礼仪在接待客户时的重要性。

(4)利用费比模式介绍至少3种不同的汽车配件产品。

(二)任务实施

以小组形式展开,分工明确,并采用角色扮演法在课堂上展示。同时,注意观察其他组展示情况,并将所见所闻进行记录。

(三)任务评价

(1)通过本任务的学习你认为自己是否已经掌握了相关知识并掌握了基本操作技能。

(2)实训过程每一任务完成情况评价。

(3)在完成每次任务的过程中,你和同学之间的协调能力是否得到了提升?

(4)通过本任务的学习,你认为自己在哪些方面还需要深化学习并提升岗位能力?

模块小结

汽车配件销售实务模块的学习主要从汽车商品流通知识、汽车配件产品促销、接待客户和汽车配件推介技巧四个方面进行介绍。汽车商品流通知识介绍了我国汽车配件流通形式中的汽车配件销售特征、分销渠道的类型、汽车配件销售方式,互联网汽配的五种经营模式。汽车配件产品促销介绍了汽配产品广告宣传媒体、汽车用品广告的投放内容和销售促进方案的制定。接待客户介绍了电话接待和店面接待的礼仪和注意事项。汽车配件推介技巧介绍了汽车配件商品特征、汽车零部件通用互换原则、汽车配件产品的三种推销模式以及汽车配件销售的谈判技巧等内容。

思考与练习

(一)单项选择题

1. 汽车配件的(　　)为批发商、零售商和其他销售商等,他们承担着商品流通职能,是汽车配件经销的主体。
   A. 经销中间商　　B. 代理中间商　　C. 超市连锁　　D. 网络化营销

2. 总之,市场比较集中的汽车产品,市场的需求越分散,(　　)效果越好。
   A. 人员推销　　B. 营业推广　　C. 广告　　D. 公共关系

3. 顾客对汽车配件门市销售的第一印象往往来源于汽车配件销售员的(　　)。
   A. 着装　　B. 接待技巧　　C. 语言能力　　D. 举止行为

4. (　　)是指为满足不同社会消费需要,按某种形态特征划分或结合的商品群体。
   A. 品牌　　B. 品种　　C. 商标　　D. 规格

5. (　　)是指能满足谈判某方部分需求,实现部分经济利益的目标。
   A. 最优期望目标　　B. 实际需求目标　　C. 可接受目标　　D. 最低目标

(二)判断题

1. 构建电子商务平台,进行零部件产品销售和服务的模式是互联网汽配经营模式之一。
(　　)

2. 邮寄广告适用于某种或某系列商品信息的公布。这种广告宣传方式信息覆盖面相对窄小。(　　)

3. 电话中自我介绍方式是在私人电话中,报本人所在的单位、部门、姓名和职务。
(　　)

4. 一般情况下,同一厂家生产的同一系列车型该类配件基本可以通用。(　　)

5. 对拟销售商品的市场情况、竞争情况应做全面了解,这是因为市场因素及竞争对手情况与谈判成功与否有密切的联系。(　　)

(三)简答题

1. 汽车配件销售与一般商品销售相比较有哪些特征?
2. 汽车用品在广告投放时应注意哪些事项?
3. 质量标准一般有哪几类?

4. 促进顾客购买销售人员推介的汽车配件产品的决定有哪些方法?
5. 在谈判前,谈判人员主要应做好哪几个方面的准备工作?

思考与练习答案

(一) 单项选择题

1. A 2. C 3. B 4. B 5. C

(二) 判断题

1. √ 2. × 3. × 4. √ 5. √

(三) 简答题

略。

参 考 文 献

[1] 曹红兵.汽车及配件营销[M].北京:电子工业出版社,2005.
[2] 宓亚光.汽车配件经营与管理[M].北京:机械工业出版社,2005.
[3] 劳动和社会保障部教材办公室汽车配件销售员(中级　高级)[M].北京:中国劳动与社会保障出版社,2007.
[4] 夏志华.汽车配件销售实务[M].北京:中国劳动社会保障出版社,2010.
[5] 张彤,牛雅丽.汽车售后配件管理[M].北京:机械工业出版社,2011.
[6] 孙凤英.汽车配件与营销[M].北京:机械工业出版社,2011.
[7] 黄敏雄.汽车配件营销与管理[M].北京:人民邮电出版社,2017.

人民交通出版社汽车类高职教材部分书目

书 号	书 名	作 者	定价（元）	出版时间	课件
一、全国交通运输职业教育教学指导委员会规划教材　新能源汽车运用与维修专业					
978-7-114-14405-9	新能源汽车储能装置与管理系统	钱锦武	23.00	2018.02	有
978-7-114-14402-8	新能源汽车高压安全及防护	官海兵	19.00	2018.02	有
978-7-114-14499-8	新能源汽车电子电力辅助系统	李丕毅	15.00	2018.03	有
978-7-114-14490-5	新能源汽车驱动电机与控制技术	张利、缑庆伟	28.00	2018.03	有
978-7-114-14465-3	新能源汽车维护与检测诊断	夏令伟	28.00	2018.03	有
978-7-114-14442-4	纯电动汽车结构与检修	侯涛	30.00	2018.03	有
978-7-114-14487-5	混合动力汽车结构与检修	朱学军	26.00	2018.03	有
二、高职汽车检测与维修技术专业立体化教材					
978-7-114-14826-2	汽车文化	贾东明、梅丽鸽	39.00	2018.08	有
978-7-114-14744-9	汽车维修服务实务	杨朝、李洪亮	22.00	2018.07	有
978-7-114-14808-8	汽车检测技术	李军、黄志永	29.00	2018.07	有
978-7-114-14777-7	旧机动车鉴定与评估	吴丹、吴飞	33.00	2018.07	有
978-7-114-14792-0	汽车底盘故障诊断与修复	侯红宾、缑庆伟	43.00	2018.07	有
978-7-114-13154-7	汽车保险与理赔	吴冬梅	32.00	2018.05	有
978-7-114-13155-4	汽车维护技术	蔺宏良、黄晓鹏	33.00	2018.05	有
978-7-114-14731-9	汽车电气故障诊断与修复	张光磊、周羽皓	45.00	2018.07	有
978-7-114-14765-4	汽车发动机故障诊断与修复	赵宏、刘新宇	45.00	2018.07	有
三、交通运输职业教育教学指导委员会推荐教材、高等职业教育规划教材					
1. 汽车运用与维修技术专业					
978-7-114-11263-8	■汽车电工与电子基础（第三版）	任成尧	46.00	2017.06	有
978-7-114-11218-8	■汽车机械基础（第三版）	凤勇	46.00	2018.05	有
978-7-114-11495-3	汽车发动机构造与维修（第三版）	汤定国、左适够	39.00	2018.05	有
978-7-114-11245-4	■汽车底盘构造与维修（第三版）	周林福	59.00	2018.05	有
978-7-114-11422-9	■汽车电气设备构造与维修（第三版）	周建平	59.00	2018.05	有
978-7-114-11216-4	■汽车典型电控系统构造与维修（第三版）	解福泉	45.00	2016.1	有
978-7-114-11580-6	汽车运用基础（第三版）	杨宏进	28.00	2018.03	有
978-7-114-11239-3	■汽车实用英语（第二版）	马林才	38.00	2018.08	有
978-7-114-05790-3	汽车及配件营销	陈文华	33.00	2015.08	
978-7-114-05690-7	汽车车损与定损	程玉光	30.00	2013.06	
978-7-114-13916-1	汽车专业资料检索（第二版）	张琴友	32.00	2017.08	
978-7-114-11215-7	■汽车文化（第三版）	屠卫星	48.00	2016.09	有
978-7-114-11349-9	■汽车维修业务管理（第三版）	鲍贤俊	27.00	2016.12	有
978-7-114-11238-6	■汽车故障诊断技术（第三版）	崔选盟	30.00	2017.11	有
978-7-114-14078-5	汽车维修技术（第二版）	刘振楼	25.00	2017.08	
978-7-114-14098-3	汽车检测诊断技术（第二版）	官海兵	27.00	2017.09	
978-7-114-14077-8	汽车运行材料（第二版）	崔选盟	25.00	2017.09	
978-7-114-05662-1	汽车检测设备与维修	杨益明	26.00	2018.05	
978-7-114-13496-8	汽车单片机及局域网技术（第二版）	方文	20.00	2018.05	
978-7-114-05655-9	汽车车身电气及附属电气设备维修	郭远辉	26.00	2013.08	
978-7-114-10520-3	汽车概论	巩航军	29.00	2016.12	有
978-7-114-10722-1	发动机原理与汽车理论（第三版）	张西振	29.00	2017.08	
978-7-114-10333-9	汽车维修企业管理（第三版）	沈树盛	36.00	2016.12	
978-7-114-13831-7	汽车空调构造与维修（第二版）	杨柳青	30.00	2017.08	
978-7-114-12421-1	汽车柴油机电控技术（第二版）	沈仲贤	26.00	2018.05	
978-7-114-11428-1	汽车使用与技术管理（第二版）	雷琼红	33.00	2016.01	
978-7-114-14091-4	汽车使用性能与检测技术（第二版）	巩航军	30.00	2017.09	
978-7-114-11729-9	汽车保险与理赔（第四版）	梁军	32.00	2018.02	有

书　号	书　名	作　者	定价(元)	出版时间	课件
978-7-114-14306-9	汽车装潢与美容技术（第二版）	全华科友	33.00	2018.05	有
2. 汽车营销与服务专业					
978-7-114-11217-1	■旧机动车鉴定与评估（第二版）	屠卫星	33.00	2018.05	有
978-7-114-14102-7	汽车保险与公估（第二版）	荆叶平	36.00	2017.09	有
978-7-114-08196-5	汽车备件管理	彭朝晖、倪红	22.00	2018.07	
978-7-114-11220-1	■汽车结构与拆装（第二版）	潘伟荣	59.00	2016.04	有
978-7-114-07952-8	汽车使用与维修	秦兴顺	40.00	2017.08	
978-7-114-08084-5	汽车维修服务	戚叔林、刘焰	23.00	2015.08	
978-7-114-11247-8	■汽车营销（第二版）	叶志斌	35.00	2018.03	有
978-7-114-11741-1	汽车使用与维护	王福忠	38.00	2018.05	有
978-7-114-14028-0	汽车保险与理赔（第二版）	陈文均、刘资媛	22.00	2017.08	有
978-7-114-14869-9	汽车维修服务接待（第2版）	王彦峰、杨柳青	28.00	2018.08	
978-7-114-14015-0	客户沟通技巧与投诉处理（第二版）	韦峰、罗双	24.00	2017.09	有
978-7-114-13667-2	服务礼仪（第二版）	刘建伟	24.00	2017.05	有
978-7-114-14438-7	汽车电子商务（第三版）	张露	29.00	2018.02	有
978-7-114-07593-3	汽车租赁	张一兵	26.00	2016.06	
3. 汽车车身维修技术专业					
978-7-114-11377-2	■汽车材料（第二版）	周燕	40.00	2016.04	有
978-7-114-12544-7	汽车钣金工艺	郭建明	22.00	2015.11	有
978-7-114-12311-5	汽车涂装技术（第二版）	陈纪民、李扬	33.00	2016.11	有
978-7-114-09094-3	汽车车身测量与校正	郭建明、李占峰	22.00	2018.05	
978-7-114-11595-0	汽车车身焊接技术（第二版）	李远军、李建明	28.00	2018.03	有
978-7-114-13885-0	汽车车身修复技术（第二版）	韩星、陈勇	29.00	2017.08	有
978-7-114-09603-7	汽车车身构造与修复	李远军、陈建宏	38.00	2016.12	
978-7-114-12143-2	车身结构及附属设备（第二版）	袁杰	27.00	2017.06	有
978-7-114-13363-3	汽车涂料调色技术	王亚平	25.00	2016.11	有
4. 汽车制造与装配技术专业					
978-7-114-12154-8	汽车装配与调试技术	刘敬忠	38.00	2018.06	
978-7-114-12734-2	车身焊接技术	宋金虎	39.00	2016.03	有
978-7-114-12794-6	汽车制造工艺	马志民	28.00	2016.04	有
978-7-114-12913-1	汽车AutoCAD	于宁、李敬辉	22.00	2016.06	有
四、新能源汽车技术专业职业教育创新规划教材					
978-7-114-13806-5	新能源汽车概论	吴晓斌、刘海峰	28.00	2018.08	有
978-7-114-13778-5	新能源汽车高压安全与防护	赵金国、李治国	30.00	2018.03	有
978-7-114-13813-3	新能源汽车动力电池与驱动电机	曾鑫、刘涛	39.00	2018.05	有
978-7-114-13822-5	新能源汽车电气技术	唐勇、王亮	35.00	2017.06	有
978-7-114-13814-0	新能源汽车维护与故障诊断	包科杰、徐利强	33.00	2018.05	有
五、职业院校潍柴博世校企合作项目教材					
978-7-114-14700-5	柴油机构造与维修	李清民、栾玉俊	39.00	2018.07	
978-7-114-14682-4	商用车底盘构造与维修	王林超、刘海峰	43.00	2018.07	
978-7-114-14709-8	商用车电气系统构造与维修	王林超、王玉刚	45.00	2018.07	
978-7-114-14852-1	柴油机电控管理系统	王文山、李秀峰	22.00	2018.08	
978-7-114-14761-6	商用车营销与服务	李景芝、王桂凤	40.00	2018.08	
六、高等职业教育汽车车身维修技术专业教材					
978-7-114-14720-3	汽车板件加工与结合工艺	王选、赵昌涛	20.00	2018.07	有
978-7-114-14711-1	轿车车身构造与维修	李金文、高窦平	21.00	2018.07	有
978-7-114-14726-5	汽车修补涂装技术	王成贵、贺利涛	22.00	2018.07	有
978-7-114-14727-2	汽车修补涂装调色与抛光技术	肖林、廖辉湘	32.00	2018.07	有

■为"十二五"职业教育国家规划教材。咨询电话：010-85285962、85285977；咨询QQ：616507284、99735898。